Dora 媽咪（蘇惠娟）著

愛與勇氣，生命無懼

CONTENTS

PART 1
讓愛深植人心

PART 2
用愛改變世界

第一章 穿越剛硬的心

第二章 無懼的生命

PART 3
愛在 93，永不止息

PART 4
寄到天堂的信

PART 5
嗨！最愛的小寶貝

〈來自世界彼端的一封信〉

德州的車牌

德州大學教授，美籍猶太裔 陸德生

親愛的惠娟：

希望妳還記得我，我們在黑人和范范的婚禮上認識。我是一個美國教授，2009年認識了范范，從范范口中得知Dora的故事之後，就一直在關注妳和Dora。

上個星期，我的車牌已過期，必須再重新訂作一個；所以就想，應該把原先我的「Dora 93」德州車牌送給妳，讓妳知道在美國達拉斯市，有一個猶太籍的朋友一直在想念妳和Dora，一對偉大、勇敢的母女！

知道妳還繼續努力分享Dora的故事 、推廣Love Life的精神和態度，我非常感動。我也在這6、7年間，介紹了Dora的故事給許多學生，包括高中生、大學生、研究生。Dora和93孩子的故事，已經救了30幾個學生的生命，這些學生大部分都有憂鬱症或自殺傾向，加上我其他的同事、朋友、親戚……Dora的靈魂已經透過我，救了許多苦悶的生命！

Dora在美國紐約州Ithaca出生，她也算是美國人。Dora的生命禮物在她出生的美國，已經留給許多人深刻的印象，也影響了許多人的生命！

每次看Dora的影片都會流淚，不是一滴一滴的，而是「很多」。所以，放影片給學生看的時候，都得坐在課堂的後排，避免讓學生看到我在哭。哭的原因不是因爲覺得難過或者難受，是因爲Dora珍愛生命、永不放棄、不畏懼死亡的精神和態度，深深感動了我，也深深影響了我。

我也介紹Dora的故事給我的孩子，她帶給我和家人珍貴的生命禮物，也成爲我們一家人的祝福，眞的很感謝妳們，謝謝上帝給妳們智慧和勇氣改變世界。

妳曾在2012年7月13日寄給我妳寫的書，我一直在想《93奇蹟：Dora給我們的生命禮物》應該翻成英文讓更多人知道她的生命故事和精神。

妳說得對——「如果可以改變一個人的生命，又有什麼理由停下腳步？」

要是可以改變全世界的人的靈魂和生命呢？

我非常願意幫妳把《93奇蹟：Dora給我們的生命禮物》翻成英文，也很想幫妳翻譯第二本書，4年來，看了妳的書已經5、6次了。Dora的生命故事，能救各種文化背景的人，我知道！因爲她的生命禮物已經改變了我的心好幾次……

感人的生命故事，實在是「不論國界、不論種族、不論距離……一樣能震撼人心！」它能救很多人，「愛」眞的能改變世界！93病房的奇蹟，就是「愛的力量」最明顯的例子。

我要繼續用Dora的故事幫助憂鬱症的人，尤其是高中生與大學生。因爲這是憂鬱症、躁鬱症開始好發的年齡，大多數躁鬱症的學生其實都是藝術天才、音樂家、詩人、畫家等，20%會在30歲以前自殺，25-50%會在他們一生中試圖自殺。

Love Life 的奇蹟，是把悲劇變成愛的力量！

93 病房的孩子將平常社會看作是最可憐、最不幸的病童，變成是憂鬱症自殺者的啦啦隊，鼓勵每一個人珍愛生命，永不放棄！93 是大奇蹟，Dora 是全世界的生命禮物，也是上帝最感動人類的奇蹟！

這 7 年來，Dora 一直活在我的心中，我也非常佩服妳對 Dora 的愛和勇敢的精神，妳眞的了不起。我認爲妳、Dora、黑人、范范，還有 93 病房的孩子們，用生命鼓勵全臺灣，甚至世界許多角落，尤其是憂鬱症、想自殺的人，你們讓他們學會熱愛生命、不要放棄！眞的很了不起，而且有巨大的效果。我認爲 Love Life 計畫，應該得到諾貝爾和平獎！

上帝安排了我接受Dora的生命禮物，我知道，上帝也正在派我幫助妳！

陸德生敬上

〈推薦序〉

Love Life 4 ever

藝人、運動員　黑人／陳建州

這幾年，Dora 媽咪用自己和女兒之間的生命故事，到許多地方演講……把 Love Life 的精神傳遞到世界的各個角落，她是我看過最了不起的媽媽。

女兒離世之後，Dora 媽咪並沒有被悲傷的情緒影響生活，反而把對女兒的愛化成大愛，去關心更多需要被幫助的人，這是非常不容易的，同時也是我最敬佩的。

過程中，Dora 媽咪也一定面對了許多困難，但她總是獨自迎戰，同時卻也從不間斷分享「愛與關懷」這件事！現在唯一能讓她歇一會兒的，就只有上帝了！

Dora 和 Dora 媽咪絕對是上帝最真實的見證。上帝派 Dora 這位小天使來到這個世界，我認為就是要告訴 Dora 媽咪：她這一生要做的就是——用她的生命故事影響更多人的生命。她的故事絕對可以鼓勵更多心裡面受傷、生活中遇上困境的人……

希望所有看這本書的朋友們都能獲得滿滿的祝福！

Dora 媽媽，我們以妳為榮……Love Life 4 ever ！

〈推薦序〉

女兒只會越來越多

臺北榮民總醫院兒科督導長　沈青青

女兒 Amy 即將離去時，心情難過到爆……只要出現「原本有個貼心的女兒陪我逛街、一起敗家、一起嫌東嫌西、彼此生氣又和好……那種溫馨的感覺，再也不可能有了」的想法，眼淚就止不住。

有一天，可愛的學生貓兒告訴我：「女兒，絕對不會沒有，只會越來越多。」真的！學生、醫院裡的孩子、新來的年輕同仁……都可以是女兒啊！

因為親身經歷，因為感同身受，Dora 媽咪以及一些陪伴孩子對抗病魔的爸爸媽媽們，在孩子過世後，都選擇再回到醫院，把愛給更多需要的孩子們，陪伴他們，希望能減輕孩子的痛苦、恐懼和不安……因為陪伴，安安學到「即使生病，也有活得精采的權利」，再也不懼怕別人的異樣眼光；靖雯知道了身邊有許多愛她、關心她的人，在叛逆階段選擇「更愛爸爸媽媽還有家人」；穿上義肢的白白相信「只要自己能活出獨特的自我，就是最獨一無二的」；亞瑜則有了「一顆安定的心」……在陪伴的過程中，孩子們得到力量，堅持讓自己好好的活下去。

許多人對「兒童安寧」有誤解，認為那就是放棄治療、就是讓孩子等死。但其實我們推動的兒童安寧，最重要的是——要提升罹患危及生命疾病孩子們的生活品質！

照護團隊在孩子疾病確診之初就開始介入，再依孩子的特性及嚴重度提供不同層次的照護，以緩解其身體不適、減輕痛苦、降低焦慮及害怕，維護兒童的生命尊嚴。除了生理照顧外，兒童安寧也期望能讓病童及其家人在心理、社會、情感、靈性、發展、學習層面等能獲得支持和達到平衡的境界。

因此，在各社會公益團體支持下，我們在醫院中頻頻舉辦各項活動，如定期的紅鼻子醫師巡演、哈雷大叔肖像漫畫、仁親關懷活動、麥當勞活力補給日、假日美術教室，以及兒童節、耶誕節、中秋節、端午節等節慶活動，也常邀請藝人偶像們到院探視病童，或帶領病童們參加演唱會、籃球賽、棒球賽、到電影院看電影，更將遊戲室、病房空間百變為榮總大戲院、榮總音樂廳、榮總美容美髮院、榮總大飯店等，幫助孩子完成心願，協助孩子在生病的日子裡留下最美好的回憶。

有同仁問：「在診斷之初就開始兒童安寧，幫孩子完成心願，萬一沒有死怎麼辦？」我笑笑說：「這樣不是太好了嗎？！我們能讓孩子們生病住院時可以開開心心，甚至還完成他們心中的夢想，活得長長久久是一件多麼美妙的事情啊！」

真心希望這樣的力量能延續下去，社會大眾也能更認識兒童安寧，且認同其重要性，一起為孩子而打拚！

〈推薦序〉

用「愛」來改變這個世界

內壢浸信會牧師　江登考

時間已過了一年多，我記憶還很深刻：當一個 17 歲年輕孩子淩晨 7 點被上帝接走後，那天早上我去她住的房子幫忙搬東西，我坐在附近麥當勞戶外的椅子上，眼淚止不住的一直流，不在意過往的人來來去去，心中的不捨與難過伴隨著止不住的眼淚。一直到幫忙的人到了，才急忙把眼淚擦乾，時間不知不覺過了兩、三個小時。

這孩子是個基督徒，是一個體貼、也是個生命的勇士，她是本書其中一篇文章的作者。我是她的牧者，當這個女孩還在榮總 93 病房時，她介紹了隔壁病房的孩子給我認識。在探望隔壁病房的孩子時，認識了 Dora 媽媽和如慧，她們也一起來看這位女孩。我們一起陪伴她受洗、一起陪伴她臨終、一起為她辦基督教的追思禮拜。

這是我認識 Dora 媽媽蘇惠娟姊妹的經過。

當她要出第二本書，邀請我幫她寫序時，我沒有猶豫就答應了，因為透過這本書、這個人、以及書中每個人的經歷，我深信它能夠帶給相同處境，或是在絕望中的人盼望、陽光，以及看見──其實人生可以有不同的想法、不同生活的方式，縱使目前的光景沒有改變。

我是個牧者，很努力的想幫助人走出生命的困境，但所影響的人有限。可是 Dora 媽媽不同，失去自己獨一最愛的女兒 Dora，她臨終的遺言就是要媽媽繼續用愛來改變這個世界，把她對生命的熱愛延續下去。因這份力量，Dora 媽媽收起悲傷，重新走進醫院、走入學校、宗教團體、監獄，用這愛的力量去溫暖和改變她可以觸及到的每一個領域。

這本書就是她所接觸到每一個領域的人，他們的生命故事。讀完他們的故事、他們的心志，不管你處在怎樣的環境中，我深信你都會被他們觸動。

書中的大部分主角都是年輕的孩子，當他們時時刻刻在與痛苦和死亡搏鬥時，他們仍想為這個世界做出貢獻，並用愛去改變世界；我們更應珍惜活著的每一天，深信我們也能用愛來改變我們的世界。

願上帝把這份愛的力量，加在我們每個人的身上。

〈推薦序〉

孩子的愛是無限的漣漪

台大兒童醫院兒童胸腔加護科主任、兒童安寧緩和醫療整合照顧小組召集人　呂立

孩子的生命來到這個世界上，沒想到會遇到疾病的嚴酷挑戰。遇到了，生活就像進入一場幻境，配合醫療的診斷治療，接觸好多陌生的人員、儀器與數字，在孩子的身心裡，與重症病魔大戰。好希望這一場大戰，能唱凱旋的歌曲。

孩子的生命來到這個世界上，選擇了我們，知道我們會為孩子做最好的設想與決定，讓我們跟孩子結緣，接受這個愛，雖然知道這一路會很辛苦，心中一定會有好多不捨與傷心，但孩子知道我們會用心與努力，承接這個生命歷程的神聖使命與任務，要將孩子形成漣漪的愛，繼續傳下去。

孩子的生命來到這個世界上，雖然經過好多努力，好多勇敢，但有些孩子最終還是被上天提早召他們回去了。

孩子的生命來到這個世界上，美好回憶永遠在我們心裡，我們不會遺忘，我們好珍惜彼此曾有的風景。

孩子的生命來到這個世界上，讓我們學習放下傷痛，我們感恩孩子親自來一趟，讓我們學習與成長，讓我們擁有好多愛。我們願意繼續把孩子的愛傳下去，讓大家繼續見識孩子的愛，如何勇敢，如何堅強，如何把愛擴大，擴散愛的漣漪。

孩子的生命來到這個世界上，就創造了漣漪，改變了這個

世界。這個漣漪影響很遠，就像好多跟 Dora 一樣的孩子，用整個生命來展現，教我們大家讓愛傳下去，至今愛仍然迴盪不已。

孩子，等我們的人生功課也完成時，我們也會跟著你，最終大家會一起回到天上團聚，直到那時再見。我們會信守諾言，不會辜負孩子的期望，努力活著做好我們的人生功課。

兒童安寧，結合許多人，願意陪伴著好多孩子跟家人走下去，繼續把愛的故事傳頌下去，繼續無限延伸愛的力量。這非常不容易，但會開始有人願意傾聽孩子的聲音，願意在人生辛苦的旅程上，不論長短，一起伴行，一起分享人生的酸甜苦辣，一起了解孩子想啟示我們的道理。

人生有春夏秋冬，每一個季節都有美麗的風景，都有值得珍惜的旅伴，心中都珍藏有愛。我們看到孩子愛的漣漪，帶著感動，繼續傳下去，擴散愛的漣漪，無限遠。

〈推薦序〉

爲愛而生

愛生關懷協會執行長 **鍾宜珊**

請問您正在為生活中的大小決定，感到猶豫、不安、失落嗎？當知道有人可以為「註定的失敗全力以赴」時，是不是可以馬上調轉您的眼目？引動您的好奇心，問：這是可能的事情嗎？

令人詫異的是，這不但已經成真了；同時還引發一連串的火花，愛生協會就是其中之一被點燃的小火苗，而這火苗帶出來的效應每一天都還在持續祝福著北榮兒童院區及宜蘭、台南……的孩子們！每每想到愛生協會的腳步——「為愛而生」能夠產生這麼多美好的影響力，我的心充滿感恩！

我常常向人提及這著實要感謝 Dora 媽咪——蘇惠娟老師。認識 Dora 媽咪的過程非常奇妙，由衷認為若非有一位統管萬有的上帝將我們連結在一起，我們能相遇的機率實在是微乎其微呢！而我也無法學會，生命可以如此美麗、如此無懼！

看著 Dora 媽咪至今將近 400 場的演講，不禁讓我回想 Dora 媽咪演講旅程之初的艱難與未知，因為這畢竟不是一般討喜激勵的演講題，而大家的眼睛也在看著甚至質疑這條路的發展性及背後的動機，但不停歇且持續強而有力好幾年的實際行動證明了：Dora 媽咪沒有一天不是活在女兒移民天堂前留給她的最大心願——「繼續用愛改變世界」——當中！

「愛與勇氣，生命無懼」是 Dora 媽咪的新書名稱，在我看來卻也是她生命另一段旅程啟航的寫照，相信在上帝掌舵的此航程中，我們將繼續看見，在 Dora 媽咪前方的許多限制會被突破、許多不可能會變為可能！在讀此書中的字裡行間及往下翻閱的每一頁，都可以預見這樣的奇蹟在不斷發生！

別為自己的生命太早下定論！

世界上存在著一條道路，除了你沒有別人能走，無論它引導你往何處去？不必多問，只管往前走！

我們必須先把生命活出來，然後，當有一天回首走過的路徑時……一切，都明白了！

我曾經是個「戰士」——年輕的時後，為自己的夢想奮戰；有了女兒之後，為女兒的未來奮戰；女兒生病之後，為女兒的生命奮戰！

是的，我就像個鬥士。一個一直待在戰場上的鬥士。

然而，女兒離去之後，卻再也不知為何而戰？

失落、茫然……曾經占據著我的生命。

年過 50，人生重新洗牌。孩子、婚姻、事業、夢想……一夕之間，一無所有；我的人生，再也沒有什麼可以失去。然而，沒想到，生命最大的得著，竟源於我的失去——女兒離去的第七年，再度出書；並於去年 9 月著手建立「生命無懼關懷協會」。

有人問我：「妳是不是頭殼壞掉？年過 50 成立協會，而且挑了個最艱難的任務——推動兒童安寧。要推動兒童安寧，談何容易？」

我回答：「上帝讓我花了10年，學會這人世間最難的功課。經歷這一切之後，我深信，上帝在每個人的生命中都有祂獨特的計畫和命定。這是我無可推諉的責任，也是我無可逃避的使命——推動『兒童安寧』的任務，非我莫屬！」

「失去」讓我學會人世間最深邃、最核心的課題！

身為所謂的現代人，我們有太多的「目標導向」，我們花一輩子的時間尋找生命的目標，追尋生命的意義。最終，會不會發覺——其實不過是虛空一場？

當有一天，我們必須面對死亡時，將再度真實面對起初的問題：這一生是否有意義？這一生是否成功？這一生所付出的代價，是否值得？是否賺得全世界，卻廉價的出賣了自己的靈魂？是否有太多的是否？但，一切都來不及了……因為這一生，我們全然錯過真正重要的事！

是的，我們的人生可以全是優等，可是到頭來卻仍然把生命搞砸了……

有一群孩子沒有太多時間思考所謂的「人生目標」，因為他們甚至活不過18歲。「活在當下」是他們生命中唯一的真理！他們燦爛卻沉重的勇氣，他們深刻卻不凡的愛，敘述著他們短暫卻精采的一生。

這些孩子用盡他們的一生，提醒我們：當我們不在乎失去，我們才真的愛著；當我們完全付出自己，我們才真的活著！

這些孩子的生命同時激勵我們，對生命的目標和意義有更深的渴望，更高、更遠的熱情——把夢想建築在別人的需要中；為了別人的需要，堅持使命並付諸行動！

僅以此書獻給所有：正追尋人生目標與意義的你；陷在失落與迷茫中的你；需要愛與被愛的你……

深深感謝所有我愛及愛我的人——

謝謝所有仍在戰場中，以及光榮退役，不管在世上或天堂的孩子們：謝謝你們精采的生命，豐富了許多人的生命。

謝謝生命中的天使們：我始終深信——你，是上帝派來幫助我的「天使」。

謝謝親愛的 Facebook 朋友：你們愛的支持，我接收到了。

謝謝「Love Life 走唱團」：愛中相遇，一路扶持。

謝謝 needs Radio：在重要時刻推我一把，促成美好、同時也是艱鉅任務的開始。

謝謝子萱：義無反顧，與我同行！

謝謝伍老師：在妳身上，我學習到最深刻的安慰和陪伴，來自於「聆聽」。

謝謝登考牧師：從你的言教、身教中，我領悟到何謂真正的「牧者」。

謝謝圓神創辦人簡志忠：拔刀相助，為推動「兒童安寧」盡一分心力。

還有，謝謝我深愛的家人：面對生命中所有的喜怒哀樂，感謝有你們伴我一起走過。

最後，親愛的上帝爸爸，我有話對祢說：

以世俗的眼光來看，死亡是生命的終點，但是從祢的角度來看，「死亡」卻是生命的巔峰。因為經過一生的旅程，我們終於要回家了……

我將堅持、堅持、再堅持，完成祢在我生命中的呼召。

但願卸下勞苦重擔的那日，也是我與祢相會的那日！

〈前言〉

因爲有你，
「用愛改變世界」不再是癡人說夢！

有一種失敗，是可以和勝利相匹敵的，那就是為註定的失敗，全力以赴！

Dora 的生命雖然只有 15 年，然而，她，就好像把一生濃縮成 15 年過完。直到生命的盡頭，她，仍為註定的失敗，全力以赴！她努力的「活在當下」，努力的「實現夢想」……

有許多人說：「Dora 很勇敢！」但是，我不太喜歡用「勇敢」兩個字形容她，因為勇敢是可以偽裝的。

然而，Dora 不是勇敢，她是──不懼怕！

是的，抗癌的過程中，她不但不懼怕，還用幽默的眼光看待所有的病痛。

生病的 5 年中，她從來沒有失去──持續微笑的勇氣；笑看病痛的豁達；還有，她是基督徒，她也從來沒有失去對上帝無與倫比的信心！她留下許多愛和勇氣的故事，直到今天，仍持續影響許多人的生命；甚至，改變許多人的生命！

經過一切的一切，如今回首，我終於明白：上帝不會讓我們白白受苦，上帝也一定不會讓我們白白經歷苦難，苦難的背後一定有它存在的價值和意義！

沒錯，在我們的生命當中，總會面對「失去」，總有一天我們要面對「失去」；然而，上帝卻在我和 Dora 身上，賦予失去更深遠的價值和意義！

夢想與恩賜

如果，Dora 在生命的盡頭，都沒放棄任何夢想，那，我們又有什麼資格沒有夢想？我們又有什麼資格放棄夢想？

Dora 病發時，醫生宣判：她只剩下 30% 的存活率。然而，Dora 聽到的是：她「還」有 30% 的機會。5 年來，她一直為那 30%，努力的活在當下，努力的實現夢想。Dora 的夢想很簡單：有朝一日，再回到學校念書、交許多朋友、成為音樂家、環遊全世界……然而，她還有一個夢想，就是——用愛改變世界！

Dora 離去前，沒有環遊世界，沒有成為音樂家……然而，她為夢想活在當下；為夢想全力以赴！

還記得小時候，老師常問我們將來長大想做什麼？班上有一半的同學舉手說：「我要當總統！」就這樣，大部分的人，因為夢想太偉大，所以始終只能在夢裡面想……

演講過程中我常常提醒大家：「夢想不用偉大，但，夢想要遠大！」什麼是遠大的夢想？就是——把自己的夢想建築在別人的需要中！

有些人夢想遠大，他盡畢生的努力想要實現遠大的夢想，或許種種原因，最後夢想沒有實現。然而，「實現夢想」只是結果。或許，你曾經為夢想全力以赴；或許，失敗了，夢想終究沒有實現。但，這不是失敗；真正的失敗是──「你根本拒絕參加比賽！」

國中時期的我，成績並不好，那時候的國中實行「能力分班」制度。國中 3 年都被分在「智等班」也就是所謂的升學班，因為成績不好，所以常常被打，少一分打一下。到國三，被打得更慘，還記得有次上課，老師把我叫到全班面前，這時，他不再打我手心，他開始打我的手背，而且，邊打邊帶著仇恨說：「我要把妳的手打爛，看妳還要不要拉大提琴？」

我承認，在那一刻，他把我所有的自尊和自信都打掉了……但是，感謝的是──他沒有打掉我始終懷抱的夢想！

從那天開始，我每天花 7 個小時練大提琴，甚至，常常半夜起來練大提琴……

終於，靠著大提琴絕地大反攻！

靠著大提琴，找回所有被打掉的自尊和自信！

靠著大提琴，一步一步的實現夢想！

這個世界之所以多采多姿，這個世界之所以生生不息，是因為每個人都不一樣！每個人，都有來自上天不一樣的恩賜，這恩賜，就是上天放在我們身上，與生俱來的「潛能」！

或許，有些人會說我的恩賜就是在音樂上的天賦。然而，相信我，上帝不會那麼小氣，祂賜給我們的潛能絕對不會只有一樣……我絕對沒有想到自己在年過 50，就在 Dora 離去之後寫了一本書，這本書成為暢銷書，已經賣出 4 萬多本；國中被老師打到極度自卑，在班上幾乎不說話的我，至今已在國內外演講將近 400 場……

「潛能」就是潛在的能力，是必須努力挖、用力挖，才能得到的寶藏！只要我們還活著，就有義務、有責任挖掘出上天賜給我們的潛能，然後，發揮它、善用它，讓這潛能，在生命中發光發熱；讓這潛能，成為許多人的祝福！

從今天開始，請你挖出身上的寶藏，而且磨光、磨亮，因為它不但要照亮自己的生命，同時，也要照耀別人的生命！每個人都是耀眼的鑽石，每個人都有無限的潛能！千萬不要低估自己的能力，千萬別讓鑽石變成玻璃珠！

愛、信仰和盼望

有人問我：「是什麼帶著我和 Dora 度過重重難關？」

我回答：「愛、信仰和盼望。」

愛，讓不可能成為可能；愛，讓軟弱變為剛強；愛，帶著我和 Dora 度過重重難關……然而，信仰讓我和 Dora 有盼望！

信仰，讓 Dora 知道，她的離去不是結束，而是，更美好的開始。

信仰，讓我知道，終有一天，我會循著 Dora 的住址，再次和她相聚！

信仰，幫助我和 Dora，明白人之所以為人的答案！

信仰，讓我們悟得生命真正的價值與意義！

經過那麼多苦難，如今，你問我：「什麼是生命的價值與意義？」我會這麼回答：「發揮你的影響力，讓你的生命成為許多人的祝福！善用你的潛能，讓你的潛能成為更多人的幫助！最後，也是最重要的——努力的、用力的愛你周圍的人，讓這動盪不安的世代，因為愛，而有盼望！」

風暴中，上帝賜給 Dora 始料未及的「影響力」。然而，影響力要是沒有「續航力」的支撐，只會是曇花一現。Dora 移民天堂後，我成為她的續航力——和她一起，繼續用愛改變世界！

讓 Dora 媽咪誠摯的邀請您加入用愛改變世界的行列，好嗎？相信有了您的加入「用愛改變世界」不再是癡人說夢話！加油，我們一起！

PART 1
讓愛深植人心

讓愛深植在每個人心中

愛，是上帝賜給人類的本能。曾幾何時，人們在彼此之間築了一道牆：因為忙碌、因為競爭、因為自私、因為無止盡的追求、因為不了解也不願被了解……太多太多的因為，我們漸漸失去「愛」的本能，我們在不知不覺中，將生活中許多美好的事、美好的人都隔絕了。

科技的發達，3C 產品的充斥，帶來了人跟人之間關係的疏離；而這疏離，也讓人跟人之間的信任變得更脆弱、更不堪一擊。少數沉迷電玩的人，活在真實和虛幻的混亂世界中，以至於思想偏激、行為偏差；而毒品的氾濫更超出我們的想像。

曾經到一所學校演講，輔導老師告訴我：「學校有位孩子寫功課時，爸媽在旁邊，邊看電視、邊吸毒。孩子因為受不了毒品散發的氣味，偷偷跑去報警。」

想想，在這種環境成長的孩子，真讓人為他捏一把冷汗，這些無法自律的人，成為社會中不定時的炸彈。因為一些社會案件的發生，讓生活中充滿了不安全、不信任、不平靜；車廂裡、馬路上、學校中……一些我們認為最安全、最不該發生事情的地方，竟然成為犯罪的場所。

然而，當事情發生時，仇恨、怒罵只是一時的宣洩，無法帶來改變！應該要像之前某位失去愛女的母親所呼籲的：「從根本、從家庭、從教育，來讓這樣的人消失在社會中。」

當這社會，大多數人的價值觀建立在追求名利、追求財富、追求地位、追求美貌、追求以自我為中心、追求……的時候，是否，偶而，我們必須停下腳步，冷靜旁觀自己的生活。然後，捫心自問：「人生就是這樣嗎？這是我想要的生活嗎？是不是，少了些什麼？」

身為父母的你，有責任和義務教導你的孩子，從小就要學習付出，從付出中學會感激、學會愛。

身為老師的你，不要把自己的角色和功能只定位在「教學」；我當了 20 幾年的學生、20 幾年的老師，深知老師的教導對學生有絕對的影響力！所以，老師們，請不要貶低你身為「老師」的價值、意義和使命！

而你、我身為社會的一分子，是否？可否？學習努力的、用力的愛你周圍的人，用「愛」取代仇恨，用「愛」融化冷漠，讓這動盪不安的世代，因為「愛」而有盼望！

曾經，在演講結束時，有人問我：「Dora 媽咪，妳會一直演講下去嗎？」我肯定的回答：「會！直到站在臺上再也沒有感動，直到這個世界變得更好。」

加油！讓這個世界變得更好，就從你、我開始！

擁抱的力量！

Dora 離去之後，我愛上了「擁抱」。

不管是監獄的受刑人、學校的孩子、面對生命逆境的人……在每個擁抱中，我感受到擁抱帶來的力量與改變。每一次，在學校演講結束後，我都會刻意留下來，只為了擁抱孩子。雖然，有些被擁抱的孩子，會有點靦腆、會有點不習慣；然而，擁抱之後，有些孩子甚至會跑到隊伍最後，再次排隊，就為了再讓我抱一次。

曾經，在學校演講兩個鐘頭，和孩子擁抱了一個鐘頭。我，緊緊抱著每個孩子，在他們耳邊說「我愛你」，直到他們也說「我愛你」時，才放開他們。

曾經，孩子在擁抱時痛哭失聲：「Dora 媽咪，妳能不能抱我久一點？因為媽媽在我很小的時候就去世了，我從來不知道被媽媽擁抱是什麼滋味。」

輔導老師告訴我：「一些平時看來冷漠或老是喜歡和校方作對的孩子，竟然也在排隊的行列中，讓我很驚訝也很感動。」

擁抱需要學習，擁抱需要真心；而，擁抱也需要勇氣。然而，相信我，一旦邁出第一步，接下來就沒那麼困難了，甚至還會「上癮」喔！

因為擁抱，縮短了人與人之間的距離；因為擁抱，融化了人與人之間的冷漠；因為擁抱，化解了人與人之間的不信任……

因為，擁抱帶來了「愛」的力量！

曾收到一封苗栗家扶中心林老師的來信，心裡頓時湧起一股暖流，也讓我更確定，擁抱的力量！

Dora 媽咪：

還記得 2014 年暑假，因期待能爲充滿衝動的安置少年們增添生命溫度，特別邀請 Dora 媽咪分享 Dora 勇敢面對生命的故事，出乎意外的是，這群平時冷漠剛強、凡事無所畏懼的少年，眼神透露柔光。尤其在 Dora 媽咪擁抱時，更可看見孩子們領受愛的感動。

活動後的小團體中，我印象最深刻的是一位少年分享：「我其實不記得曾被自己的媽媽抱過，但我現在可以感受到被媽媽抱著的幸福。」我一直深信，對這群在生命成長歷程中缺少愛的少年們而言，需要重新經驗自己是被愛著的，並且相信生命確有奇蹟，才有機會繼續傳遞眞心關懷給他人與社會。

謝謝您捐書和紀錄片 DVD 給孩子，讓更多青少年能感受 Dora 的生命禮物與 Dora 媽咪的愛與包容。對許多青少年而言，因爲從未眞實感受過被愛，因此也不懂得愛惜自己。相信這本書能讓孩子們更加珍愛自己的生命，也更懂得疼愛他人。

哪天？如果，我們不期而遇，能不能給彼此一個大大的擁抱？

在擁抱中，送給彼此深深的祝福和往前的動力！

好不好？

爲愛而生

當《Love Life》紀錄片開始在 YouTube、電視臺放映沒多久，有天我突然接到邀約演講的電話。後來，才知道演講的對象，是一群企業家。

大衛，平常忙於工作，從來不看電視的他，週末那天，因為太太出國，一個人閒著無聊，無意識拿起電視遙控器一按，剛好看到 TVBS 新聞台《一步一腳印》節目，正播出「Love Life 三個女孩的故事」和對我的專訪。

他，目不轉睛的看完節目，除了震撼，還有深深的感動。從那天開始，三個女孩的故事，深深烙印在他心裡，盤旋在腦海揮之不去。於是，他下定決心一定要找到我，並且為他們那群企業家演講。

千方百計下，終於找到了我。

演講那天，座無虛席。後來才知道，其中許多都是企業界的菁英。

Sandy，是促成這場演講的企業家之一，演講結束之後，她告訴我：「93 的故事帶給我深深的震撼、感動。」之後，她紅著眼眶娓娓道來：「其實，93 對我來說並不陌生，因為

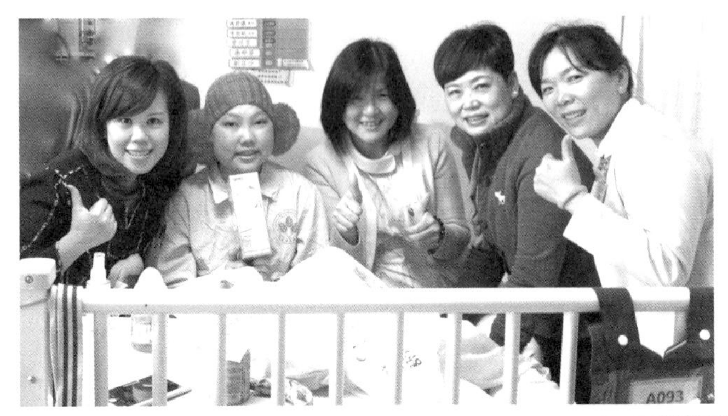

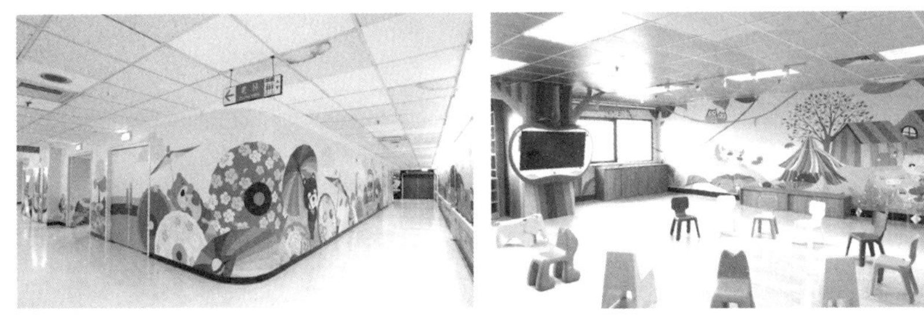

我的至親就是在 93 離去的。」

這段話，喚起了我的回憶……其實 Dora 曾經和 Sandy 口中的至親，在 93 有短暫的交集。Dora 剛發病的時候，她的至親就住在我們隔壁病房，從護理人員口中得知，孩子病情不樂觀。後來，聽到孩子離去的消息，我們曾經震驚、難過好一陣子。

Sandy 說：「因為感同身受，很希望能為 93 癌症病童們做些什麼。」於是，Sandy 把感動化為行動！「愛生協會」就在她不離不棄的「愛」中，成立了！過程雖然幾經波折，卻不曾動搖她要愛這些孩子「愛到底」的決心！她同時感召了一群和她心志一同的企業家，大家有錢出錢、有力出力。

愛生協會成立至今，一直為榮總 91、92、93 和加護病房的孩子們默默付出。

他們，讓榮總兒童病房變得色彩繽紛、煥然一新；他們，包下電影院，讓孩子在不受感染的環境中，重溫看電影的樂趣；他們，送小小孩音樂鈴，讓因為治療而哭鬧的孩子，得到音樂的撫慰。

他們，親自為孩子織毛線帽，幫助因為化療而掉光頭髮的孩子度過寒冬；他們，到醫院探望孩子，在床邊為孩子禱告，期望因為愛和信仰的力量，能帶給孩子喜樂、平安和盼望；他們，在聖誕節那天，為孩子在病房辦熱鬧的聖誕派對；他們，協助「榮總喜樂美術教室」，並且和琦琦老師，一起促成孩子畫展的實現。

他們，一聽到兒科督導長青青說：「92、93 病房的許多孩子，因為治療腦瘤、骨癌等一些棘手的癌症，必須長期臥床，因此需要比較好的床墊，比較不容易得到褥瘡。」他們二話不說，集合一群企業家，舉辦募款音樂會，為 91、92、93 和加護病房的孩子，募了將近 100 個床墊……

我知道，未來的日子，他們仍會在愛和信仰的帶領下，繼續成為孩子的後援部隊！

我只想說：「謝謝『愛生協會』的你們，孩子有你們真好！」

華航泰迪熊機師

他，是華航總機師，受中榮兒科主任傅醫師的邀請，那天一下飛機就開車直奔台中聽我在中榮的演講。

演講結束，他眼眶泛紅的告訴我：「本來以為今天會見到Dora，特地帶了華航的『泰迪熊機師』要送給Dora。聽了演講才知道Dora在5年多前就移民天堂了……」

第二天，他在我的Facebook留言……

昨夜對我而言，是個在生命中留下重大印記的夜晚！

開車回台北途中，腦海中反覆交織著Dora和我兩個女兒的身影。

我也曾經站在同一個講臺上，對著中榮的醫護人員講授如何以團隊合作減少醫療疏失，當時傅主任是臺下學員之一，我們因此而結緣。

從2008年開始，我受邀在台大、國泰、北榮、亞東、長庚、彰基、嘉基、花蓮慈濟……這麼多醫學中心傳播從飛行安全管理衍生轉植的醫療安全改善課程，曾經在熱烈的迴響和掌

聲中，我欣慰並慶幸自己終於能夠發揮影響力造福人群。

直到昨晚，在 Dora 和您的堅強背影與勇敢無畏之下，才了解，原來自己的欣慰與慶幸是如此微不足道。至親至愛的兩個女兒若有任何一點委屈傷害，都足以讓自己心如刀割，而您在經歷 Dora 一次又一次切除割捨，最終眼睜睜在您面前虛弱凋零的磨難之後，竟能轉化成如此巨大的力量，實現了 Dora 最後的遺言。

我確信，不止 Dora，您一定也是上帝的第十三位門徒。

感謝上帝將您與 Dora 帶到我的生命中，昨夜之後，我今後的人生將因爲 Dora 與您的出現而改變。

我回覆他……

每次的演講，都讓我深深感受到生命影響生命、生命改變生命所帶來的震撼和感動，這一切的一切都足以成爲我繼續往前的動力！而那天，您，也成爲我往前的力量之一。

但願有一天，也能爲華航的員工們分享我和Dora的故事，請他們幫我們把這故事帶到世界許多角落。相信有你們的幫助，「用愛改變世界」不再是痴人說夢。

遇見天使！給「高雄啓智學校」的孩子們

那天，接到高雄啓智學校淑敏老師的電話，邀請我到校爲你們演講，感覺到她的熱情、誠懇。通常只要時間安排得出來，Dora 媽咪不會拒絕任何學校的演講邀約。可是，這次的邀約，卻讓我猶豫；不是不願意，而是害怕自己無法勝任，萬一你們聽不懂怎麼辦？不但讓你們失望，自己也會覺得很挫折。

當時，不好意思把自己的想法告訴淑敏老師，只是一再詢問：「眞的可以照平常演講的內容和方式嗎？」淑敏老師一再向我保證：沒問題，你們一定聽得懂。語氣中，聽得出她對你們的肯定、了解。最後，因爲感動，因爲拗不過淑敏老師的熱情與誠懇，我接下了這場演講。

10 月 8 日是 Dora 的生日，也是我們第一次見面的日子。

寶儀老師到高鐵站接我，往學校的路上，我仍不放心的追問：「演講內容眞的不需要修改嗎？」她的回答，和淑敏老師一樣堅定且充滿信心：「不需要！」我問她：「妳聽過我的演講嗎？」寶儀老師說：「在網路上聽過，才聽 10 分鐘，就感動的淚流滿面。所以，我知道，我們的孩子聽了演講，一定也會有一樣的感動。」

聽寶儀老師這樣說，雖然放心不少，但心裡仍有些許忐忑。

1點30分，你們陸陸續續在演講廳集合。老師爲我解說你們的情形，只記得其中有：自閉症、腦性麻痺、唐寶寶、遲緩兒……還有許多沒聽過的複雜醫學名詞。說眞的，聽過就記不起來了。

演講開始，教室仍是一片吵雜，因爲有些孩子無法控制自己，不時發出聲音和動作。就像在其他地方的演講，我在一開始仍和你們談到「失去」，然而，吵雜仍繼續，甚至還有孩子開始起來走動……我也因此無法專心演講，頻頻吃螺絲。心想：完了，才剛開始不到10分鐘，該如何熬過兩小時的演講？也開始懷疑，你們眞的聽得懂嗎？

講完「失去」，開始放影片時，突然，整個教室安靜了下來；甚至看到許多人，靜靜的擦拭著臉上的淚水……是的，你們不但懂，而且，你們還有一顆柔軟易感的心啊！

當時的我，除了震撼、感動，對你們還有深深的抱歉——不是你們不懂，而是我不懂你們。

看完影片，改變了演講的方式，不再像平常的演講，只在臺上講；我們之間多了許多互動，然而，演講內容並沒有改變。當我問你們是否有夢想時，許多人熱烈的舉手，當我問：「你們的夢想是什麼？」回答的聲音，此起彼落。看到你們發亮的眼睛、熱烈的回應，我知道，只要可以，你們一定會爲夢想全力以赴！

當我和你們談到「愛」時，你們的回應，讓我感動得熱淚盈眶。因爲，你們毫不猶豫的擁抱同學，還對他們說：「我愛你」。之後，你們更送給在場老師大大的擁抱，而「我愛你」三個字，此起彼落，在教室縈繞久久。

與其說，我爲你們演講，那天你們帶給我生命的悸動和啓發，更大大的震撼了我。

那天，只要「猜」對了你們的心思，你們就會高興的直拍手，掌聲中有更多被了解的興奮和激動。說眞的，這場演講是我有史以來得到最多掌聲的一次，你們眞誠、熱烈的回應，讓我既感動又心疼。

我問你們：「是否常有人，對你們投以異樣的眼光？」許多孩子用力的點頭。

孩子們，對不起！我們對你們的了解眞的太少，請原諒我們對你們的無知，原諒我們對你們的冷漠。然而，我們無法改變別人對我們的看法，卻可以改變面對自己的態度。

演講結束後，在辦公室和淑敏老師聊了許久，聊到天都黑了。然而，我們聊的都是有關你們的精采，有關你們的不可思議。淑敏老師特別到美國學習與你們溝通的方式，她也感嘆，這種溝通方式在歐美使用已久，但當她把這套方式帶回臺灣時，卻得不到所謂「學者」和「官方」的認同。如今的她，仍爲了你們單打獨鬥中；然而，也因爲有了和你們溝通的管道，她發現了你們的精采，你們不可思議的心靈世界。

她說：「當我打開孩子們的心靈世界時，天天爲我帶來感動和驚喜，就好像挖到無盡的寶藏一樣。」沒錯，看她形容你們時的眉飛色舞，看她發亮的眼睛，我知道，她眞的挖到寶了！

把學校命名爲「啓智」，是人們對你們的不了解；你們的智慧，絕對超過我們所能理解的範圍。是的，當上帝關上一扇門時，一定會爲你們開另一扇門——讓生命有出口！祂，爲你們開啓了心靈之窗，你們擁有比任何人都自由、單純的心靈。

許多人忙於追求肉體、感官的享受，沉迷於肉體、感官的欲望，以至於對心靈成長的追求，不但忽略，甚至嗤之以鼻。

沒錯！生命會爲自己找到出口。你們身體某個部分的「當機」，卻讓你們的心靈更敏銳、更自由、更柔軟。人性的敗壞，常常始於對肉體、感官的欲求不滿；然而，少了來自世俗的誘惑，你們的心靈比任何人都善良、純潔、無暇。

上帝賜給你們一顆純潔的心，讓你們免於受到世上的誘惑與試探。

你們都是上帝爸爸的見證人，見證——人性本善！

孩子們，在你們身上，Dora 媽咪看到了「天使」的化身。

徐家水梨

那天在 Facebook 有封留言特別觸動我……

Dora 媽咪：

我是彰化基督教醫院兒童癌症病房的護理人員，我們有個國中男孩前不久被醫生宣判已是癌症末期。這孩子知道自己的病況之後，很傷心，也很憤怒，不再跟任何人講話，也不再接受任何人的安慰。

那天我拿著妳的書《93 奇蹟：Dora 給我們的生命禮物》去看他，我說：「我知道你不願意跟我講話，但是，如果願意的話，能不能把這本書看完？」沒想到，這孩子花了一整天把書看完；第二天，奇蹟出現……他開始推著輪椅到其他病房去安慰和他一樣得了癌症的孩子。

後來，在這位護理人員的協助下和這個男孩——家豪聯繫上，也約定到醫院探望他。還記得那天一走進病房，就看到家豪坐著輪椅和媽媽興奮的在護理站迎接我，神采奕奕的他，完全看不出來，那時的他其實很不舒服。

之後，我們每天電話熱線，每次，我都會在電話中為他禱告。

有一天，家豪說：「Dora 媽咪，每次都是妳為我禱告，這次，我想為妳禱告。」沒想到這孩子生平第一次的禱告，竟讓我淚流滿面。

突然，從某天開始，我不再接到家豪的電話。後來他的媽媽打給我：「家豪已經被送回后里家中，他離去前最後一個心願：希望妳能在床邊為他演奏大提琴。」放下電話，二話不說，背起大提琴開車前往后里。

那天，家豪在大提琴聲中、在家人愛的陪伴中，嚥下了最

後一口氣……

家豪離去後，我仍和他的家人保持聯絡。他的爸媽在后里種水梨——「徐家水梨」，每年，他們都會把第一批收成的水梨寄到榮總給住院的癌症病童。

一封留言，架起了 93 兒癌病房和彰基兒癌病房之間愛的橋樑，更譜寫了一段愛的故事。

前陣子受邀到兒科醫學會演講，講座主持人之一就是彰基兒科醫院院長邱漢堯。演講結束，他邀請我到彰基為所有兒科醫護人員演講有關「兒童安寧」的議題。

演講那天，看到許多熟悉的面孔，感覺好親切，好像回到另一個家。演講中特別提到家豪的故事，而家豪的主治王醫師也在場，演講結束後，他告訴我另一個我不知道的感人故事，而這故事和我有關……

王醫師說：「家豪在國中的時候病發，正值叛逆期，對我的態度總是愛理不理，甚至從來不正眼看我，讓我有點挫折。說真的，在兒七病房很少有不喜歡我的孩子。直到有天到他的病房，當我一進門，家豪不但看著我，而且眼神中透著柔和。那天，家豪講了許多話，不但謝謝我這幾年的照顧，也為之前的態度道歉，最後，他甚至送給我一個大大的擁抱……這一切的一切，讓我既感動又驚訝！後來，才從護理人員口中得知，原來家豪在前一天看了 Dora 媽咪寫的書。我真的很驚訝，一本書，竟然能帶給家豪如此深刻的改變。Dora 媽咪，謝謝妳

右二是邱漢堯院長，左二是兒童血液腫瘤科的王醫師。

用許多愛、許多眼淚寫下這本書，幫助許多重症孩子和家長。能不能也讓我送給妳一個大大的擁抱？」

是的，故事會繼續；愛，也會繼續……每個孩子的離去，並不代表結束，而是更美好的開始。

恩典的印記——給黑人

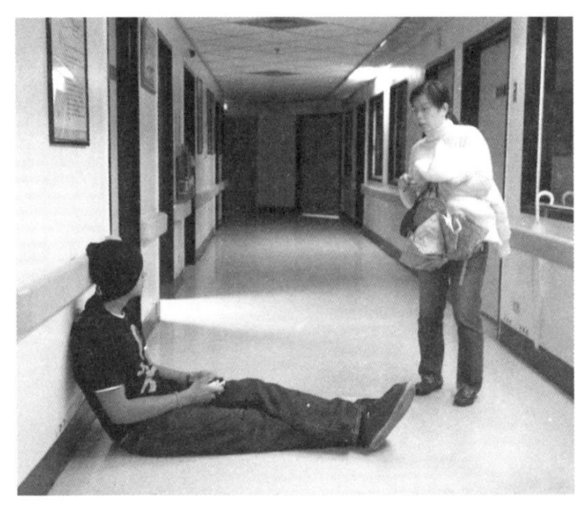

黑人：

因爲你的強力推薦，那天，我去看了早場電影——《大法官》。我明白，爲何看這場電影時，你會淚崩？就像我看了《生命中的美好缺憾》時，無法停止臉上滑落的淚水一樣……是的，曾經歷過失去的我們，一句話、一個場景、一部電影，甚至一張相片，都會挑起我們曾經擁有，且揮之不去的甜蜜回憶、傷痛記憶。

那天，整理相片時，看到你這張相片，讓我陷入深深的回憶⋯⋯回憶中，有感傷、有感激，更有滿滿滿滿的感動！而今回首，這張相片，何嘗不是許多美好祝福的開始？

在 Dora 離去至今，這張相片，也成爲上帝恩典的印記。

2010 年 12 月，Dora 最後一次住進 93，意識到自己的生命即將畫下句點，她要求我打電話給你。電話中，她問你：「哥哥，你能不能拿攝影機來拍我？」你問 Dora：「討厭照相，更討厭攝影機的妳，爲何願意讓哥哥拍妳？」Dora 說：「因爲，我想幫助其他人。」

從那天開始，你和范范幾乎天天出現在病房，不管多晚、多忙、多累。

Dora 因爲癌細胞轉移脊椎，最後半身不遂，必須包尿布。因爲疼痛，加上下半身失去知覺，所以幫她換尿布時，需要花許多時間。這時，你會到病房外的走廊，就這樣席地而坐，等待 Dora 換尿布。換完後，到病房外叫你時，常常發覺，你已經睡著了⋯⋯

謝謝你和范范，在我和 Dora 最艱難的時刻，一直陪伴著我們。

曾經，你問 Dora：「爲什麼，從來沒向哥哥要簽名？」

Dora 回答：「只有『粉絲』會要簽名，家人不會。」

是的，親愛的家人：經歷過苦難，經歷過失去，而今，我終於明白——我們所有的經歷，都是上帝爸爸在我們生命中的預備，爲了要讓我們的生命能被使用。而我也始終相信，你、范范、Dora 和我的相遇，是上帝爸爸的命定，爲了要在我們身上，完成祂的旨意！

已經成爲爸媽的你和范范，再一次，經歷上帝爸爸的信實、慈愛和滿滿的恩典！然而，恩典越多，挑戰也越大。只想再次提醒你，Dora 臨終前，告訴你的話：「別管那些亂七八糟的媒體，繼續用愛改變世界！」

上帝的賜福越多，仇敵的挑戰也越大。面對如今的亂世，感謝信仰仍帶領我們；但願，挑戰來臨時，我們都能依靠信仰，剛強壯膽，站立得住！我知道，Dora 一定會在天上，爲愛她的哥哥和媽咪加油！

愛你的 Dora 媽咪

愛中相遇——走唱團

Dora 離去之後，我常常在 Facebook 發表文章，在網友的鼓勵下，促成了第一本書的出版。出書之後，仍持續在 Facebook 寫文章；過程中，經常有人留言給我，其中也有和我一樣失去孩子的媽媽。因為擁有相同的經歷，所以我對這些媽媽投入更多的關注。

有位媽媽特別引起我的注意。她的文筆很好，常常在她的 Facebook 寫下思念女兒的文章，從字裡行間得知：女兒因為手術失敗，媽媽在毫無預警的情況之下失去了女兒，8 歲的女兒就這樣無聲無息的離去……沒有隻字片語，更沒有好好道別，除了震驚、傷痛之外，還有更多的失落和不甘心。

在這樣的情形之下，她有了自殺的念頭。所以我常留言給她，安慰她、鼓勵她，但是，我知道這樣的幫助有限。於是，有了突發的念頭——在 Facebook 號召和我一樣失去孩子的媽媽一起聚會。當時只是單純的想法：因著一樣的經歷、一樣的失去、一樣的悲傷，或許彼此能成為彼此的慰藉。於是，把家裡的住址、電話留給較常和我聯繫的媽媽，其中當然也包括這位想自殺的媽媽（之後就稱呼她蓉蓉媽）。

第一次聚會，並不預期會有多少媽媽參與，更不奢望蓉蓉媽也會來。沒想到，那天第一個按門鈴的就是她！看到她出現眼前，感動得差點掉下眼淚來。之後又有幾位媽媽陸續來到，她們各來自台大、馬偕，當然，也有北榮。或許因為一樣的經歷，雖然是第一次見面，彼此卻有莫名的熟悉感。

後來，爸爸們也不甘寂寞的加入了行列，除了一起吃吃喝喝、一起想念孩子、一起哭、一起笑，還一起唱歌，於是「Love Life 走唱團」就這樣成立了！

成立沒多久，馬偕醫院竟然邀請我們為癌症病童和家屬演唱，雖然初試啼音，雖然沒有動人的嗓音，但，那卻是一場讓人動容的演唱會，不管臺上臺下都熱淚盈眶。那一刻，彼此的心被觸摸；那一刻，彼此的傷痛得到了撫慰。

是的，當我們有力量成為安慰者時，也就是我們踏上醫治道路的開端。

當初集合大家，只希望能成立「療癒團體」，彼此成為相互支持和往前的力量。然而，經歷過苦難熬煉的我們，沒有因為失去最愛，讓自己陷入絕望的深淵，讓自己淹死在眼淚裡，我們正用行動落實《聖經》那段話語：「一粒麥子不落在地裡死了，仍舊是一粒；若是死了，就結出許多子粒來！」

是的，因為深愛孩子，所以我們決定，不願讓餘生，在傷痛中度過。這是我們想念孩子、愛孩子，也是延續對孩子的愛的方式。我們選擇賦予「失去」更深遠的價值和意義，我們決定帶著悲傷繼續往前走，並且成為孩子的續航力！

如果，你問我：「是什麼樣的力量，能使人從悲傷的幽谷中再次站起來，並且讓生命成為別人的祝福？」答案只有一個字——愛！

因為愛，讓我們有勇氣，再次回到最傷痛的地方；沒經歷過，絕對無法想像，這需要多大的勇氣！然而，愛，可以讓不可能成為可能；愛，可以讓軟弱成為剛強！

每一次的付出，我們都感受到愛與被愛的震撼與感動！雖然在付出中，我們的傷口必須一次又一次的被揭開，然而，在付出的過程中，傷口也一次又一次的癒合。因此，我深信：「當心裡有很深很深的傷口時，必須付出許多許多的愛，傷口才能得到醫治。」

今後「走唱團」將繼續帶著上帝爸爸滿滿的恩典與慈愛，一次再一次，回到愛最多、淚水最多、傷痛最多、回憶最多；然而，也是祝福最多、盼望最多的地方。

來自天上的訊息：Dora給范范姊姊的一封信

親愛的范范姊姊：

那天，媽咪告訴我：妳和黑人哥哥就快要當媽媽和爸爸了！聽到這消息，我在天堂，高興的又叫又跳，同時，迫不及待的把這好消息，告訴所有在天堂的93孩子們。

一直想寫信給妳。以前的我，很安靜，喜歡笑，不喜歡講話；所以，好多放在心裡、想對妳講的話，都沒說出來……還記得，最後一次住院，妳和黑人哥哥幾乎每個晚上，都來陪伴我和媽咪。

因爲腫瘤轉移到嘴巴，有一晚，咳嗽時，不小心把腫瘤弄破，鮮血不斷從嘴裡湧出，就像關不住的水龍頭……然而，大量的鮮血並沒有嚇到妳。只見妳拿著黑人哥哥不停遞給妳的衛生紙，溫柔的、冷靜的，爲我擦拭從嘴裡汩汩流出的鮮血。而媽咪，手裡拿著杯子，不斷的接著來不及擦拭而滴下的鮮血……

是的，那晚的93、8床，就像個血腥戰場，然而，也是個充滿愛和勇氣的戰場！

眼看著，病房內能用的衛生紙幾乎都用光了，黑人哥哥緊張的衝到樓下買衛生紙……那時，是凌晨兩點。看著你們爲我擔心的眼神，心裡很過意不去，安慰你們：「不要擔心，想像是『月經』從嘴巴流出來，就不會可怕了。」我不知道，這算不算另類幽默？

但，你們都笑了。說眞的，當時的我，在滿滿的愛的包圍下，一點也不害怕！

凌晨3點多，血，終於止住了。

那晚，我見識到妳的溫柔與勇敢、冷靜與沉著！

臨走前，妳抱著媽咪說：「我眞不敢想像，如果沒有我和黑人，你們母女倆，如何度過這個夜晚？」是的，范范姊姊：

謝謝你們的陪伴，讓我和媽咪在愛裡沒有懼怕！

那晚，你們離開後，我很虛弱，但堅定的告訴媽咪：「媽咪，我知道，范范姊姊將來一定會是個很棒的媽咪。」

還記得妳送給我和媽咪的專輯嗎？那張專輯，就放在我們的車子裡，不管醫院往返的日子、遊山玩水的日子，我們都會重複放著每首歌，在車裡，跟著妳，盡情的、大聲的、用力的唱。說眞的，我從來不是追星一族，但那張專輯的每首歌，我都會唱喔！

第一次參加演唱會，就是跟著妳和黑人哥哥到香港聽妳的演唱會那次。行前，一次追蹤檢查，又發現癌細胞再次轉移肺部，醫生決定馬上開刀！開刀後，眼看著演唱會的日子越來越近，爲了讓傷口趕快癒合，讓肺部趕快恢復功能，於是，開完刀的第二天，我忍著劇痛，不斷的下床走路，不斷的練習呼吸。媽咪不捨，要我休息，但，我仍堅持！

當時的勇氣和毅力，是因爲眞的好想聽到妳的演唱會。

後來，終於如願了！雖然，吳醫師有點擔心，但是他看到我的努力，也驚嘆我異於常人的毅力，於是，他放行了！他明白，我很想聽到這場演唱會。行前，他還再三叮嚀：「一路上要多禱告，請上帝爸爸好好照顧妳喔。」

很喜歡聽妳唱歌，甜甜、暖暖的聲音，聽起來好舒服、好溫暖喔！知道嗎？離去時，把妳的歌，也帶到天堂了。在天堂的日子，偶而，還會哼哼唱唱妳的歌呢。

有一件事，必須向妳承認……其實，很喜歡看妳被黑人哥哥捉弄時，那暴跳如雷的樣子，好眞、好可愛！雖然，有點同情妳；但看著黑人哥哥得意並享受的看著妳生氣的樣子……哈哈！你們眞是我最親愛、最特別的家人，相信，當你們的孩子，一定樂趣多多，充滿歡笑！

范范姊姊，謝謝妳和黑人哥哥給了我許多許多愛，許多許多陪伴。就像《聖經》說的：「愛裡沒有懼怕，愛既完全，就把懼怕除去。」而今，我終於明白，爲何生病的 4 年多，能如此毫無懼怕、勇往直前！

因爲愛，讓我面對一次又一次的挑戰時，能坦然無懼；因爲愛，讓我短暫的生命，過得既豐富又精采；因爲愛，讓我願意全力以赴，打這場生命的仗！

是的，「愛」是直到天堂都不會消失的，我愛你們！

在天堂，我會一直一直守護著你們全家。

我們，天堂見！

還有，不要太想我喔……

愛妳的 Dora

PART 2
用愛改變世界

第一章

穿越剛硬的心

Dora 離去的那年 7 月，台中監獄邀請我到監獄為受刑人演講。沒想到，人生的第一場演講，竟然從監獄開始……

那天，面對 300 多位受刑人，從頭到尾泣不成聲。就在忙著擦眼淚的同時，竟然看到台下刺龍刺鳳的大哥跟著我一起擦眼淚。那一刻，也讓我明白——原來，孩子的生命是可以穿越剛硬的心。

回到家，陸陸續續收到 100 多封受刑人的信。從信裡得知，那天聽演講的幾乎都是重刑犯，甚至有些已經被判處無期徒刑，他們的字裡行間，有著反省、有著悔悟……沒想到，一場演講，竟然能為他們帶來如此的改變。感動之餘，我申請成為監獄的志工；後來，也常受邀到其他監獄、看守所、少年觀護所演講。

我想，一場演講如果能改變一個人的生命，又有什麼理由停下腳步？！

每次，演講結束都會跟受刑人說：「我愛你們！」後來，跟他們比較熟識之後，就有受刑人跟我說：「Dora 媽咪，妳每次演講跟我們說：『我愛你』時，我們都覺得很不自在欸。」

突然有一天，當我結束演講，準備離去時，身後竟然傳來好大的聲音……全場的受刑人一起說：「Dora 媽咪，我們也愛妳！」

就在那一刻，我淚如雨下；就在那一刻，「我愛你」三個字就像水龍頭被打開一樣，在監獄裡傾瀉而出。

曾經，有一次經過操場，一群受刑人正在跑步，他們遠遠看到我，就用力的喊：「Dora 媽咪，我們愛妳！」一個關著 6000 人的監獄，「我愛你」三個字竟然響徹雲霄。就這樣，生命影響生命，生命改變生命；受刑人不但寫信給我，也開始寫信給 93 的孩子們。

直到今天，仍然時常收到他們來自監獄的信……

我願意開始學習如何愛人——阿岑

Dora 媽咪：

我是一個囚犯，偶然間看到您與Dora小天使感人的故事，因爲監所在您來演講之前，把您送給監所的書轉交給我們，也因此，讓我得到了 Dora 小天使給我的生命禮物。

Dora 的堅強和看待生命的態度，讓我領悟到人生的重要性！

當我一遍又一遍的看著 Dora 媽咪寫的書，眼淚就一直滴下來……也只有在這時候才發覺——原來，我也可以是一個懂得愛、懂得關懷的人，因爲您與 Dora 小天使，我願意開始學習如何愛人、如何關心人。

Dora 媽咪，出獄之後，我想走在與您相同的路上，用我所有的愛，去幫助那些得了癌症的孩子。謝謝 Dora 媽咪讓我能重新定義人生和人生追求的目標。

祝您一切平安、順心。

阿岑

親愛的阿岑：

看完你的信好感動也好欣慰。我一直相信上帝在創造每個人的時候，把愛的種子都深埋在每個人心中；而這個相信，在我進出監獄的 5 年裡，更加在受刑人的身上被印證！

在這 5 年中，我收到 200 多封受刑人寫給我的信，每封信都觸動我的心；每封信都成爲我往前的動力！我非常珍惜你們給我的每一個字、每一句話，看到你們的改變，讓我和 Dora 明白——上帝不會讓我們白白受苦，上帝也一定不會讓我們白白經歷苦難，苦難的背後一定有它存在的價值和意義！

知道嗎？我把你寫的信 Po 在我的臉書上（沒放你的名字），從昨天到現在已經有幾萬人點閱，你的信深深感動了他們。雖然，此刻的你還在監牢內，但是，你的生命已經開始影響別人的生命了……

相信我，上帝埋在你身上那顆「愛」的種子正在發芽成長中！

Dora 媽咪成立了「生命無懼關懷協會」，協會成立的目的，就是要幫助癌症病童提升他們的生活品質，讓他們得到更溫暖的心靈照護。我要集合許多人有錢出錢，有力出力，爲這些孩子創造更大、更多的福祉！而今，我也把你放在名單中，期待有一天出獄時，你也能成爲這些孩子的後援部隊喔！

沒錯，你不但有愛的能力，你還能把這能力化爲強大的力量，關懷許多許多人。加油！讓生命發光發熱，我知道，你辦得到！

今夜，Dora 媽咪會爲你禱告，求上帝爸爸帶領你一生行走正路，到老也不偏離；求上帝爸爸引領你的一生，讓你的生命成爲許多人的祝福。

愛你的 Dora 媽咪

我要烤好吃的麵包給大家吃——阿明

Dora媽咪：

收信平安！

時間過得很快，農曆新年將到，很懷念之前您每個月帶著電腦和大提琴到忠班工場幫我們上課、帶我們唱歌，那個畫面我一直記得。

告訴您一個好消息，我在去年報名台中監獄更生團契的「受洗」，所以現在我也算是基督徒了，我希望能靠著信仰，讓自己成爲有用的人。

之前總好奇，您爲何可以爲完全不認識、而且還是監獄的受刑人，每個月固定台北—台中來回跑？但就在我認眞看完您女兒生前拍攝的DVD及您寫的書之後，我感動得落下了男兒淚……您和Dora都正在用生命見證來影響生命，用愛來改變世界！

您教我們比的「Love」手勢，也是您和大家打招呼的方式，我會永遠記得！有一天出獄之後，如果在街上遇到您，我一定會用這個手勢跟您打招呼。

我預計在今年呈報假釋，提報的生活評估希望能順利過關，請您爲我禱告好嗎？我也同時開始爲出獄之後的生活做準備，去年報了丙級烘焙技訓班，希望能多學一項生活技能，出獄之後，不但不要造成社會的負擔，還要烤好吃的麵包給大家吃！

阿明謹啓

Dear 阿明：

很高興收到你的來信，也謝謝你告訴我你的近況。很感動你接受了信仰，也受洗了，歡迎你成爲大家庭的一分子！也要在這裡鼓勵你：「不管之後，前面道路如何？記得一定要時時刻刻緊抓住神，祂必引領你一生行走在正路上，到老也不偏離！」

不管申報假釋是否順利？但記得，不論結果如何，都有上帝的美意。如果能順利出獄，出獄後要面對的一切，將會是你人生中另一個嚴峻的考驗！然而未來，無論如何，都要剛強壯膽，坦然面對一切挑戰；無論如何，都不要再回到過去「荒唐的歲月」，因爲人生沒有多少機會，也沒有多少時間，能一再重來。

是的，人的一生當中，總會面對挫折，經歷苦難。但願你能在挫折和苦難中，找到重生的翅膀。出獄後，願你展開全新的人生；出獄後，願你踏出的每個步伐，都要踏得堅定，踏得自信，更要踏得無怨無悔！

加油！現在的你，有上帝爸爸的帶領，相信祂一定會陪你度過所有困境，帶著你安然到達彼岸。我深信，上帝會重用你；我也深信，有一天，你的生命會成爲許多人的祝福！

但願有朝一日，我們能在監獄外不期而遇，然後，你要用「Love」的手勢和我打招呼，我就知道我們是「同一國」的……

看來你在監獄中也沒閒著，仍努力學習技藝，爲出獄後的生活儲備能力。希望烘焙的丙級考試，能順利通過；哪天，也烤好吃的麵包請我吃喔！

沒問題！我一定會爲你禱告，求上帝的恩典和慈愛時時刻刻與你同在。

Dora 媽咪

不會讓天上的媽媽失望──阿威

親愛的Dora媽咪：

許多人的回憶都是甜蜜的，但我的回憶卻是「往事不堪回首」，那是一段活生生的滄桑史。過去對社會和家人造成的傷害已經無法彌補，也回不去了。所以，現在的我，要努力贖罪！

謝謝您送給我們的書，看完後，心裡有很多感觸。您的付出，我很感動也能感受到，說眞的，我也想要有像您一樣的媽媽。

不知道爲什麼？看完書，內心一直有個聲音告訴我：拿起筆寫信給媽咪……寫信的過程，內心很平靜，那一刻我明白，這就是依靠！

這次進出監所是第四次了，也是要被關最久的一次。前幾次被關時，內心都有個依靠，知道有媽媽等我出去，但這次進來的第二年，媽媽就走了……至今都無法原諒自己，爲什麼一次又一次的做壞事呢？

進來至今已經快8年了，在監獄中看很多書，但是從沒有像看《93奇蹟：Dora給我們的生命禮物》這本書一樣內心被觸動！

我的個性內向、孤僻又自卑，但是自從看了媽咪寫的書、聽了媽咪的演講之後，我常常告訴自己一定要聽媽咪的話，將來出去社會時，不但要做一個好人，還要做一個能幫助人的好人。

我懂的字很少，字也寫不好，怕您看不懂，所以一個字一個字的請教同學寫出來的。特別寫這封信給您，只是因爲想告訴您：我一定不會讓您失望，也不會讓在天上的媽媽失望。

祝平安喜樂，媽咪我愛您。

阿威敬上

親愛的阿威：

收到你的信除了感動也有不捨，相信失去最愛的媽媽，一定帶給你很大的傷痛，還有許多許多的悔恨和遺憾……

女兒離去之後，在監獄進進出出，從北到南，去了許多監獄、看守所、少年觀護所……因爲我深信，每個人出生的時候，上帝一定會把「善」的種子種在每個人身上。

所以我想，一場演講如果能改變一個人的生命，又有什麼理由停下腳步？希望女兒愛和勇氣的故事，能喚醒監獄受刑人「善」的一面……阿威，加油！

不知你的刑期還有多久？但Dora媽咪深深希望這次刑期結束出獄之後，就千萬不要再犯罪了！人生短暫，不容一錯再錯，知道嗎？

放心，你的信我從頭到尾都看得懂，而且信的內容深深感動了我。Dora媽咪不管你曾經犯了什麼罪，我都會像媽媽一樣愛你，相信你的媽媽也會在天上眷顧著你。你的來信，只要有空，一定會回信給你。只是先告訴你，9月底到10月底，我受邀到美國演講，所以那段時間就無法回信給你喔。

阿威，在監獄的日子不要浪費時間，有機會就多充實自己，爲將來出獄作準備。Dora媽咪對你有信心，你一定會變得更好，千萬不要放棄自己喔！

愛你的Dora媽咪

監獄簽書會

Dora 離去前，告訴我的最後一句話：「媽咪，妳要繼續用愛改變世界！」

Dora 用她的生命，率先點燃了「用愛改變世界」這把火；然而，火需要木材才能繼續燃燒。5 年多來，我走在這條路上一直不孤單，許多人加入我的後援部隊，許多人提供我源源不絕的木材……也因此，「用愛改變世界」不再是「痴人說夢話」。

在一場為扶輪社的演講中，我認識了張女士。

她說：「Dora 媽咪，妳到監獄演講時，我負責提供妳寫的書給監獄的受刑人；因為，我相信這本書能改變許多受刑人的生命，讓世界變得更好！」

直到今日，她已經送了 1000 多本書到監獄、戒治所、看守所、少年觀護所……

那天，到台東泰源監獄演講（泰源監獄收容的受刑人，大都是被判處重刑或無期徒刑），走進禮堂，看到每個受刑人手上都拿著我寫的書，還有人正認真的翻閱著。詢問之後，才發

現許多人都已經看完書了，這讓我好感動。

就在放《Love Life》紀錄片時，身後傳來隱隱約約的啜泣聲……書、演講、紀錄片，無非為這群受刑人下了一劑「猛藥」！

在監獄進進出出的5年過程中，我一直深信「人性本善」；而93孩子愛和勇氣的故事，正喚醒了這群受刑人「善」的一面。

每次演講結束，都會帶著受刑人唱歌。就在帶著他們唱〈有人在為你禱告〉詩歌時，突然有位受刑人在座位上拿著筆和書，靦腆的問我：「能否在我的書裡簽名？」之後，陸陸續續有許多受刑人圍著我，希望我能為他們在書裡簽名。

曾經在許多地方辦簽書會，但，從沒想過，竟然有一天會在監獄為受刑人簽書。我不知道這群受刑人曾經犯了什麼罪；我也不知道他們曾經如何窮凶惡極？但是，在那一刻，我們彼此的心是暖的；在那一刻，我感受到他們良善的一面，被喚醒……

阿益的手

這是阿益，4年前在台中監獄出獄之前，我緊緊的擁抱他，在他耳邊叮嚀：「別再進來了，要用這隻手開始行善；要用這隻手，成為一個有影響力的人。」聽了我的話他痛哭流涕，告訴我：「Dora 媽咪，我 12 歲就失去母親，20 幾年來，從來沒有感受到有人愛我，更別說擁抱……」

抱著他，我也哭了。

旁邊許多受刑人跟著紅了眼眶，他們不斷提醒阿益：「阿益，你一定要好好聽 Dora 媽咪的話，不要再做壞事，傷 Dora 媽咪的心。」

那天，走出監獄，心，好滿好滿。

那天，踏出的每個腳步更加堅定！

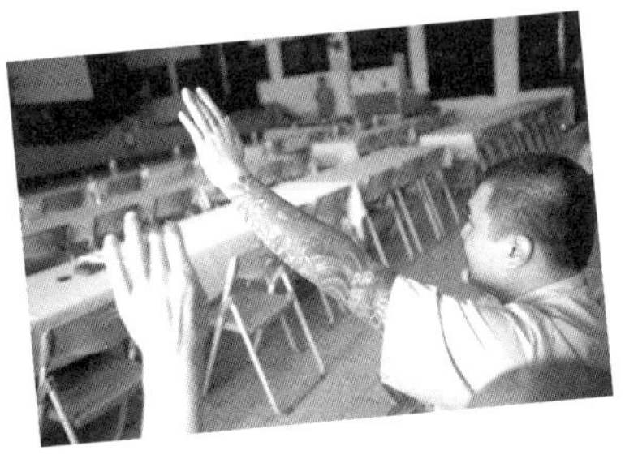

第二章

無懼的生命

這些孩子在慘烈的戰役中，所展現的愛與勇氣，是許多人一輩子望塵莫及的！他們，坦然無懼的面對生命中的苦難，甚至，坦然無懼的面對即將來臨的死亡。

他們的生命，正落實了《聖經》裡的一段話：

「愛裡沒有懼怕，愛既完全，就把懼怕除去。」

信心的勇士、順服的巨人——亞諭

亞諭，已於 2015 年移民天堂。以下文字，是我之前受邀到她的教會演講前，她在臺上的引言分享……亞諭留給我最深刻的記憶就是她那甜甜暖暖又有點俏皮的笑容。她不但是媽媽的開心果，也是 93 病房的開心果。

亞諭是個信仰堅定的孩子。媽媽說：成績不怎樣的她，《聖經》倒是背得很熟。無意中發覺她的書包沉甸甸的，追問之下才知道，原來，她每天都背著厚厚的《聖經》到學校。

治療情況一直不順利的她，卻總是用輕鬆的心情、樂觀的態度面對所有的病痛。既使面對生命盡頭，仍不改她幽默、搞笑的本色。這，就是亞諭！

抗癌的歷程用短短幾分鐘來訴說，影響的可能只是傾聽者當下的感受吧！回到現實以後，每個人還是有自己的難題，而我也還是得面對所有艱鉅的挑戰啊！

但身爲基督徒的我，覺得最幸福的是能夠有一顆安定的

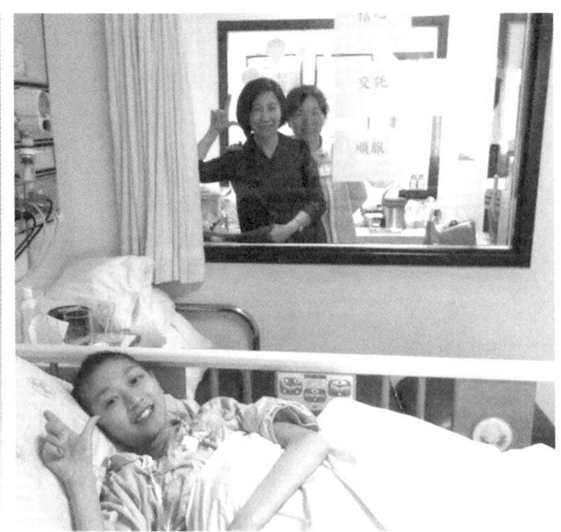

心，面對所有難題，即使感到孤單害怕，事情過後大多會統統忘記那份感受。我想是因爲上帝說話不會騙人吧！在苦難中尋覓時，祂都陪伴著我，雖然看不見摸不著，但有一份磁場偶爾是眞的會感受到的！

我今年16歲，也是93病房中的成員之一，罹患骨癌之後，跟媽媽一直有個共同目標，就是努力抗癌成功來作見證分享。然而，漸漸發覺，分享這件事是持續性的，而且上帝的恩典是不管我好還是不好都一直持續著的……於是，在治療過程中就開始在教會作見證；我想，上帝要給我這份工作，也不是偶然的吧！

大概幾個月前，我在家裡的頂樓看到一些國中時的書籍資料，有張學習單是學校生命教育週的功課單，標題上寫著

「Love Life」。沒錯，我國中時看到這個短片就很有感觸，甚至還看過三遍，對裡面的Dora和Dora媽咪格外的印象深刻，我的學習單還拿到A++3。

如今看到那張學習單心中眞是百感交集啊！上帝的安排眞奇妙，就像Dora曾經在腦瘤病房用大提琴撫慰人心，後來自己卻也住進病房和大家一起打仗。這一切，雖然不能問爲什麼？因爲又會再有下一個爲什麼？

但我想未來的某一天，到上帝那裡，會得到答案吧！

發病初期，我原本住在台大醫院，但後來媽媽在臉書上看到一位父親的留言，留言中敘述的是他對兒子罹患骨癌的難過及感觸。媽媽主動聯絡上這位爸爸，了解台北榮總是擁有專治兒童骨癌團隊的。

於是，我們馬上決定轉到北榮。到93病房的隔天，就看到一位熟悉的身影，當她一走進病房，我就大喊「Dora媽咪！」不知道爲什麼一眼就認出她，每次見到她都感到很溫暖，甚至會很期待她每個禮拜一的時候踏進93。

而今回頭看所有的過程，才知道一切都有上帝巧妙的安排，而背後有多少人的代禱和幫助，才能讓我一路樂觀面對，使我眞的感受到上帝一直和我在一起！

在我治療的這一年經歷中，了解到人眞的很軟弱，眞的不能小看我們平凡的一天當中，上帝給予的恩典有多麼的多！生命中的苦難何時會降臨沒有人知道，只有謙卑倚靠上帝才能走出生命的低谷，認識Dora媽咪最能感受到的是態度與信念吧！

記得我做幹細胞移植時，被關在隔離病房裡，Dora 媽咪不能進來看我，但她把「信心」「交託」「順服」三個詞，貼在我病房的玻璃牆上，讓我好感動！在我很虛弱，甚至無法禱告時，心中想著那三個詞以及家人的陪伴，才能順利熬過那段日子；當然還有偉大的醫護人員，以及不管認不認識都曾默默給予我鼓勵的人。

我想告訴大家，Dora 媽咪的演講帶給各位的絕對不只是感動，甚至有機會成爲你改變現在的困境及對生命的看法。

大火淬鍊下的勇士——沛妤

那天，我到彰女演講，沛妤抱著一顆籃球和我寫的書，要我在籃球和書上為她簽名。她說：「我和 Dora 一樣，喜歡打籃球，而妳的書，帶給我許多往前的動力！」當她走近時，我才發覺，她臉上有一大片被燒傷的疤痕。然而，震撼我的，不是她臉上的疤痕，而是，在疤痕底下，她仍能擁有一顆喜樂的心和對生命的熱情！

結束演講，我問沛妤：「願不願把妳的經歷和如何因苦難，而改變對生命的態度，寫下來？相信這篇文章一定可以幫助許多人。上帝絕不會讓妳白白受苦，在妳生命中，一定有重大的使命！」

於是，沛妤寫下這篇文章，相信在她年輕、歷經苦難的生命中，寫下這些內容，絕對需要勇氣！

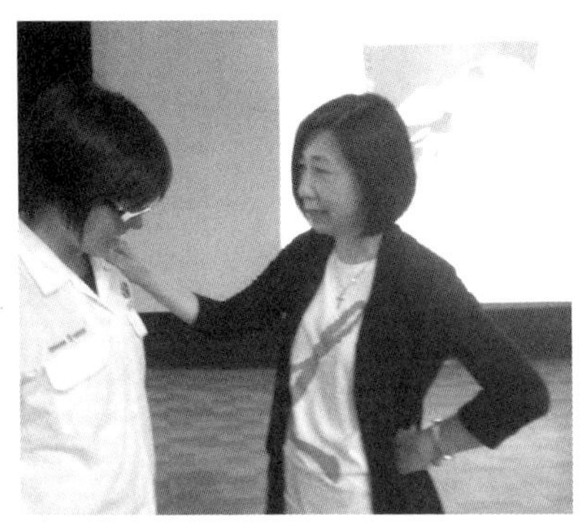

Dear Dora 媽咪：

我是彰女的小沛。

這個故事是改變我一生的大插曲，希望可以幫助更多人！

11 年前，我 7 歲時家裡發生了一場火災。那場大火不僅燒傷了我的臉，還帶走了弟弟，而且我家的生活從此變了調。我算是輕傷，但是燒傷面積全在臉上，所以除非戴面具，不然是遮不住的。而且剛受傷時因爲燒傷和開刀，所以那時和 Dora 一樣，也是小光頭。

剛受傷時幾乎足不出户，但還是得去上學，逼不得已之下，每天都戴著一頂帽子上學，幾乎不會拿下來。而且還常常被人叫「弟弟」，害我一度想直接當男生算了。

剛上學時，因爲其他同學沒有看過這種燒傷的樣子，所以大家都很害怕，甚至表情驚恐。過了兩、三年後，才有人敢跟我說話，但只有少數幾個同學會跟我說話；有些是老師跟他們說：「要跟沛妤說話。」有些則是爸爸媽媽告訴他們：「沛妤只是受傷而已，跟大家都是一樣的。」

所以在國小四年級以前沒什麼朋友，只有少數幾個不在意我臉上的傷的朋友而已。基本上我在國小還滿孤單的，而且還被排擠，就因爲臉上的傷……被大家看作是怪物！

雖然現在因爲開過多次刀，好很多了，不過還是有大片的疤痕在臉上。但是過了這麼多年，我也已經習慣了，習慣別人的眼光，習慣別人看我的傷的態度，習慣在淚水中大笑。

說實話，我曾經非常的悲觀，想用死來逃避這一切。爲什麼是我？爲什麼我不能選擇？爲什麼我只能接受這一切？！而且因爲姊姊嚴重很多，所以親戚家人都對她比較照顧。媽媽甚至一點也不關心我，不管是學校還是家裡，我都是自己一個人，所以有很長一段時間，我都希望消失在這個世界，這樣我就不會爲這些事難過了。

但是，我想通了，再怎麼難過也改變不了別人和自己受傷的事實。難過是一天，開心是一天！那我爲什麼要讓自己活在淚水中呢？爲什麼要拿別人不好的眼光和不好的態度來折磨自己呢？所以我把自己的心情和心態轉個彎讓自己開心一點，不管別人給我的感覺，讓生活好過一點，不是比較好嗎？

所以現在只往好處想，而且幾乎沒什麼煩惱（不知道是好還是不好），現在每天都很開心，但開心不是因爲沒有難過的事或是沒有煩惱，而是我把他們都丟掉了！不要讓煩惱來增加煩惱，不要讓難過更加難過！

走過最難熬的之後，美好的人生就是你的了，不是嗎？

如果人生沒有起落、沒有難題，那就不是生命了！因爲生命是酸甜苦辣相加而成的，少了一味就不完整了。如果因爲這個苦難，讓我擁有現在的我，那我感謝它！因爲我滿足現在，因爲這些疤，讓我，獨一無二。

Dora 媽咪，我希望，我也可以幫助更多人！

謝謝 Dora，謝謝妳。

我想擁有一輩子的幸福！——靖雯

當計畫出這本書時，我邀靖雯在書裡寫篇文章，她一口答應！沒想到後來，靖雯的病情急轉直下……離去前，靖雯交代爸爸轉交這篇文章給我，貼心的孩子沒有忘記我們的約定。字裡行間看到她的堅毅，看到她對未來仍充滿希望，也看到她對大家滿滿的愛。

現在的靖雯結束將近 6 年的戰役，光榮退伍，移民天堂。

眞的很榮幸受到 Dora 媽咪的邀請，讓我發表一篇文章在 Dora 媽咪的新書裡。

我的療程日記呢……其實還滿漫長的，已經有 4 年多快 5 年的時間了。2009 年底得了這場病，經歷過許多大大小小的挑戰，也有過徬徨、無助，不知所措的時候。

以前的我呢？是個非常喜歡運動的女生，喜歡游泳，喜歡騎自行車，而且還參加自行車比賽，以及一些登山類的活動。

2013 年 11 月我做了一個重大的決定——在骨癌原發部位作「截肢」手術，這個決定也是讓我重生的關鍵，所以我選擇了接受！現在的我，雖然沒有辦法再做那些以前我愛的運動了，但是我相信，以後一定會有其他的事情，可以來代替這些我愛的。

小時候的我們對未來總是會有無限多的想像，但當眞的長大後，才發覺，怎麼都和小時候想的不一樣？以前的我有很多、很多的夢想，但是因爲生了這場病而改變了我的夢想。

發病那年，剛上國中一年級，參加自行車比賽跌倒，開始腳痛、腳痠，開始跑醫院……爸爸、媽媽，以及家人朋友爲我擔心，讓我知道，原來在我身邊有這麼多愛我、關心我的人！

一開始在台北的和信醫院做化療，後來轉到台北榮總，給骨科陳威明（陳爸爸）開刀，之後，在榮總93病房做化療。

剛開始，手術後我還會吵著家人要回去和信做治療，但和信醫院都是大人幾乎沒有小孩。接觸93之後發現，裡面幾乎都是未成年的小朋友，甚至還有剛出生幾個月大的小小孩！讓我覺得選擇這裡是正確的，因爲可以認識年紀相仿的朋友，互相加油打氣。一起聊天；一起玩線上遊戲；一起做手工打發時間；還有最重要的——一起打仗！一起對抗病魔！

治療過程，家人不離不棄的照顧我，陪我走過

好多大大小小的戰役。不管是大手術、小手術、放射治療、化學治療等。治療過程中，有時候因爲血球太低，導致感染、發燒、傷口發炎……還有手術後的復原、復健、練習走路……爸爸媽媽總是一步一步的陪伴著我。

每次在93打完化療，就算出院回家休養，也還是要常常要到離家較近的醫院觀察血球變化，直到血球穩定回升，才可以再回93繼續下一個化療。

曾經，有人問我：「靖雯，妳有叛逆期嗎？」

我肯定的回答：「沒有！因爲在我要進入叛逆期的時候就生病了。」

Dora媽咪曾經告訴我：「我陪伴過93許多青少年，幾乎很少遇到『叛逆』的孩子，每個孩子都是如此溫柔貼心，每個孩子都是如此逆來順受。」說的也是，我們忙著打仗都來不及，哪有心情和時間叛逆呢？也幸好從來沒有叛逆期，才沒有爲愛我的爸爸、媽媽和家人帶來困擾，因爲生病之後，我發覺自己有多愛、多愛他們！

每當遇到挫折或低潮的時候，我會哭但不會鬧，只是有時會覺得爲什麼這麼辛苦？爲什麼生病的是我？但是，我沒有因此自怨自艾，我沒有因此向病魔屈服；因爲，我不服氣就這樣被病魔打敗！我告訴自己：「一定要奮戰到底！」

所以我堅持！堅持一定要好起來！

我不想要擁有短暫的幸福，我想要擁有一輩子的幸福！

這是一篇感謝文嗎？如果是的話，那我想我要感謝的人眞的好多好多……我要感謝所有出現在我生命中的貴人；感謝一直不離不棄陪伴我的家人、親戚朋友；感謝一直鼓勵我的你們……還有，謝謝世界上很多在默默幫助我們的人。

謝謝你們，我愛你們！

逆境中的祝福——育瑋

育緯話不多，笑容很多，17 歲的他，觀念、想法都比同年齡的孩子成熟許多。然而，這也是癌症病童共同的特質——「病痛」不但讓他們的生命成長茁壯，同時也長了智慧。

經過也通過苦難熬煉的育瑋，我知道，他的生命將成為許多許多人的祝福！

有人問過我：「爲什麼能這麼勇敢樂觀？」

其實我不是個樂觀的人，13 次的化療，每次都想放棄。生病的痛、化療的痛、開刀的痛，從來無法用文字形容，除了痛，還有苦。然而，很多事情都是牙一咬、心一橫，就能挺過去。想放棄的時候，我就告訴自己：「再試一次。」幸運的是，撐過了 13 次，才有現在的我！

有人問過我：「會不會害怕死亡？」

其實死亡並不可怕，本來就是每個人都必須經歷的事；只是 15 歲罹患骨癌，被迫比一般人提早面對死亡的課題。然而，

恐懼並沒有籠罩我太久，因爲覺得自己的生命似乎沒有什麼遺憾。

生病之前，過得精采，所以能夠坦然面對；也或許是沒眞正的死過，才能把死亡講得如此雲淡風輕。但是，把自己的生命活得精采一點，確實能夠在面臨死亡時，減輕恐懼。很少有人可以決定自己生命的長度，然而我們可以選擇如何在有限的長度裡，塡充空白，拓展疆域，使其亮麗。

有人問過我：「會不會覺得自己很倒楣？」

我也問過自己這個問題：「百萬分之一的機率，偏偏被我碰上，算倒楣嗎？」

其實，我更喜歡：我比別人「幸運」這個說法。

「罹癌」這件事，似乎註定要在我的生命中發生，它來得自然，沒有一絲違和感。成長過程中，好像我要長大，就必須罹癌一樣。我想，我是眞心的接受這個疾病，接受它帶給我的痛苦，也接受它帶來的美好，爲我的人生，增添了更多色彩和張力！

人生漫漫長路，有順風，有逆風；有寬敞大道，有崎嶇小徑，我們很難避免面對失敗與挫折。

曾因疾病悲觀絕望，甚至萌生放棄的念頭……我們都是凡人，不可能永遠都持有正向思考的能力，每個人都有悲傷的權利。然而，別被悲傷籠罩太久，雨總會停，天總會晴。很多的挫折，往往是發生的當下，把事情的結果看得太重！

當我們熬過、蛻變過，重新回首，會發現這些挫折其實沒有那麼難受。無論遇到什麼難以釋懷的難題，總告訴自己：「我並不是世界上最不幸的人。」是啊！我得到骨癌，也撐過治療的不適，並且活著，呼吸著每一口空氣，何其有幸！自己可以選擇如何過日子，當知道生病的那一刻，雖然沉重，但還是選擇用快樂的心情面對未知的時日。因爲生病，更知道生活的目標，用盡全力的活著。畢竟，我的生命，得來不易！

常認爲我的故事沒有什麼了不起，比起其他病童，我的治療過程還算順遂。但仍期許自己，能用自己的生命影響其他生命。很高興自己有這個行動及能力，能夠爲他人盡一份心力，不只是改變他人，也改變自己！

癌末的生命告白——詩潔

詩潔是93的孩子，與骨癌纏鬥10年……她，今年20歲。

2013年，詩潔回醫院例行追蹤檢查，醫生告知：「骨癌再次復發，再次轉移肺部。」她決定不再做任何治療；她決定讓自己癌末的生命發光、發熱……

她，是基督徒，她深信：「人的盡頭，就是上帝的起頭。」

我很樂意向大家分享上帝在我身上見證了祂的奇妙恩典，我知道我所經歷的和大家不一樣，能夠成爲上帝的見證人我很開心。我也會無時無刻的感謝上帝，祂的恩典眞的夠我用，也讓我很感動！我相信在未來的日子裡，即使我迷了路，我也不會感到恐懼，因爲上帝一定會指引我走向更明亮的地方，我會一直一直的仰望神，直到我回到祂的身邊。

回頭想想，上帝眞的爲我鋪好了所有一切的道路，祂讓我在一個陌生的環境裡帶給我許多天使，指引我前方的路。剛開始心裡會有些埋怨上帝，爲什麼要這樣對我？我也是上帝的孩

子，爲什麼卻沒爲我擋在前頭，爲我避開所有痛苦，爲什麼要讓我這樣活著？

所有的不滿，我也都向上帝哭訴過，因爲我身、心、靈眞的都很痛！可是每次說完、哭完，就像洗了個三溫暖，全身都很放鬆、很舒服。才明白，原來上帝一直都在我身邊，祂知道我心裡有多害怕、多恐懼。祂一再的讓我見證到祂的存在，我也漸漸明白，祂正在大大的使用我！

現在，我眞的把自己全然交託在祂手中；也眞的比以前感到快樂，而且是發自內心的喜樂！

「癌末」對我來說是人生新的開始，不是我人生最後的盡頭！感謝主，在我人生新的開始時，爲我預備了兩位天使、心靈輔導師——一位是我最愛的趙媽咪；另一位就是Dora媽咪。昨天看到媽咪身上穿「生命無懼」的衣服，眞的有很多感動。人生中必須要經歷過很多軟弱，體會到很多失去，才能感到對生命的無懼。

現在的我對生命是感到恐懼，但對死亡卻是無懼的！

10年在別人眼裡像是一個堅強的象徵，但對我來說每一次的難關都是用眼淚與信仰支撐著自己走過來。我跟一般人沒有不同，只是人生中多了一個不一樣的生命體會。我也用我自己的方式去體驗、去看盡生命對我而言有多渺小。

我的努力不會被我身上的腫瘤體會到，我也願意與它共存！即使現在的它又頑固、又常常帶給我身體很多不舒服，但我知道它勢必成爲我生命中堅持的理由。而我也相信，它再怎麼頑固，總有一天，我會戰勝它！

而，戰勝腫瘤的那一天，也是我回到天父爸爸，回到我渴望的家的那一天。

寄給天使Dora的一封信——菲比

菲比和Dora兩個女孩的生命，交錯在不同的時空。

她們同樣歷經了一場慘烈的戰役，戰役中菲比失去她的右手，而Dora失去她的生命。然而，因著一樣的病痛、一樣的信仰，她們相遇在屬靈的生命中；她們相約在信仰的道路上，一起為上帝爸爸做鹽、做光！

菲比彈一手好琴，截肢後並沒有放棄她熱愛的鋼琴，不但如此，她還為自己開啟了創作之路。詞曲中，總能看到她對生命充滿熱愛、充滿感恩更充滿無盡的盼望。是的！Dora和菲比的生命故事，將在這塵世中，燃起無限的生命火花。

Dear Dora：

我們是差一點就在同一個時空相遇的朋友。

我在2011年2月被診斷出骨癌，之後到了北榮，就在妳去當天使不久後。

到93的第一天，Dora媽咪來看我，她把妳介紹給我，可

是我不太確定妳到底還在不在？因爲Dora媽咪沒有說我們可以見面；我也無法想像，一個剛失去女兒不久的媽媽，竟然可以溫柔的鼓勵新來的病友……雖然我在她臉上看到了一抹淡淡的感傷。

但是妳媽咪現在臉上已經沒有悲傷了，我覺得妳的溫暖已經化成了力量，妳媽咪鼓勵了好多人。後來知道了Love Life，才想起還沒生病前曾經在電視上看到公益廣告，妳的笑容在那一刻就深深烙印在我腦海中。

我，會幫妳們好好活下去！

有一次，我夢到了妳，想跟妳說話，可是在夢中，妳一句話也沒說，妳只是微笑。那時候不敢跟別人說，甚至是妳媽咪。夢到妳的那一刻，心裡覺得我們已經是朋友了。

後來跟妳媽咪說這件事，她說：「沒錯，那就是 Dora，因爲她是個話不多，但是很愛笑的孩子。」我想，天使就算不說話，她的笑容也會道出一切；天使就算不在世間，她的溫暖也還在我們心裡。

Dora，我很高興認識妳，謝謝妳曾經活過，不管上帝讓我在地上活多久，我會努力好好的活下去。

愛妳的菲比

接受自己，活出自己——安安

安安從小和媽媽相依為命，因為先天的疾病，成長過程充滿艱辛與挫折。媽媽來自泰國，生下安安的那天，爸爸棄他們而去……然而，這對勇敢的母子，在苦難的熬煉下越挫越勇！

如今，安安為自己喜歡的音樂努力、執著中；擁有好廚藝的媽媽，在臺南的住家中經營泰式預約廚房……

我一出生就和其他孩子不同，脊椎的腫瘤壓迫到神經，造成下半身功能障礙和雙腳變形、萎縮，6個月大時雖開過刀，但仍無法完全清除腫瘤。長大的過程中常進出醫院，除了因爲脊椎問題，腳和泌尿系統也做了無數手術，所以從小幾乎以醫院爲家。

印象中，爸爸幾乎未曾參與我的生命，是媽媽獨自把我養大。媽媽來自泰國，在臺灣舉目無親；生下我，她沒有埋怨、沒有放棄，她選擇勇敢面對！

多年前，同學邀我到教會聽演講，那是我第一次見到 Dora 媽咪。演講結束，在好奇和感動之下買了 Dora 媽咪寫的書《93 奇蹟：Dora 給我們的生命禮物》；從此，這本書不但幫助我度過生命的低谷，也帶領我認識深刻的信仰。

Dora 面對生命的無所畏懼，不但帶給我許多啓發，也帶給我往前的勇氣！

2014 年 3 月回到台北榮總接受脊椎矯正手術，手術分兩階段，完成第一階段時，雖然疼痛無比，但心裡充滿希望，總算熬過來了……接著進行第二階段手術，就在簽手術同意書前，醫生告知：「手術可能帶來大小便失禁和癱瘓的可能。」這句話，擊垮了我好不容易建設的信心和勇氣，接下來，恐懼和不安幾乎占據了我，導致我遲遲不敢簽下同意書。

那段日子，活在掙扎中，開或不開，都是痛苦且沉重的決定。

就在徬徨不安時，Dora 媽咪突然出現在我的病房；知道情況之後，她帶著我和媽媽禱告。她說：「在 Dora 治療的過程中，我常常要面對痛苦的抉擇，常常覺得走投無路；這時候，只能禱告，只能把一切交託給上帝，因爲在人不能，在上帝凡事都能……」

臨走前，她深深的看著我說：「上帝給我們的，絕對超過我們所求所想！」當時，對這句話其實是半信半疑；後來，和媽媽、醫生一再討論，最後，決定順服和交託。

手術歷經 16 個小時，雖然順利完成，但雙腳卻麻木毫無知覺，雖然醫生在術前曾告知：「開脊椎即使沒傷到神經，仍需要一段時間的復健才能恢復知覺。」但是，當我察覺到自己的腳不但抬不起，而且完全無法站立時，信心幾乎崩潰了。

那段時間，許多人用滿滿的愛陪伴我、鼓勵我；每次繞著護理站練習走路時，醫生和護理人員總會爲我加油。也因爲如此，慢慢的在復健中找回了信心和成就感。有了這次的經歷，我再也不懼怕別人用異樣的眼光看我。

因爲苦難的熬煉，反而讓我的生命比別人多了韌性和毅力。而這樣的特質，不但帶著我度過所有的難關，且昇華了我的生命，讓我可以用不同的眼光和角度看待我的生命，讓我活的比別人更精采！

我只想說：「每個生命都有上帝不一樣的安排，不管走在人生的高山或低谷，都會有上帝的陪伴。只要相信、順服而且交託，就會發現生命眞正的價値和意義。」

那天夜裡勛勛和媽媽的對話——勛勛

勛勛出生 3 個月時，確診為「惡性組織球增生症」。經過多次化療、放療、免疫球蛋白及開刀的治療，疾病造成勛勛腦部退化，以及免疫力降低。雖然經過多年疾病的摧殘，常常進出醫院的勛勛卻是我見過最單純、最喜樂的孩子，他常常「深情款款」的為許多人唱歌，包括醫護人員、病童、家長……當然，還有我！

講話不是很清楚的他，唱起歌來卻口齒清晰。我知道，貼心善良的勛勛，只是想用歌聲表達他對大家的愛和感謝……

媽媽：「勛，媽咪問你喔……如果假設，有一天醫生說你敗血症，我是說假設喔……假設醫生說他已經盡力了，也就是說你……要去天堂，你……怎麼想？」

勛勛：「喔，那好啊！」

媽媽：「好！？」（驚訝）

勛勛：「對啊！上天堂就是回到天父爸爸的身邊啊！」

媽媽：「那……你會不會怕？」

勛勛：「不會啊，那裡有我的好朋友，像是政賢、陳震、柏江、子柔，還有楷昇啊……」

媽媽：「有這麼多好朋友陪你，那你能不能答應媽媽一件事？」

勛勛：「什麼事？妳可不要叫我拿錢回來給你喔！」（不改搞笑本色）

媽媽：「不是啦！你能不能在天堂，幫媽媽留一間房間？因爲我們日後都要在天家相見啊！你先幫我留起來。」

勛勛：「喔！好啊。」

媽媽：「那，如果……萬一……你有沒有希望媽咪把你葬在哪裡？」

勛勛想了一下後回答：「我想要跟楷昇哥哥一起，放在樹下，以後楷昇媽媽來看他的時候也可以順便看我，你來看我的時候也可以一起看楷昇。」

媽媽：「嗯，那裡青山綠水，藍天白雲，有很空曠的山坡，很美。」

勛勛：「好啊！那就在那裡好了。」

媽媽：「那你的意思是要在台北囉？然後用樹葬的方式嗎？媽咪以後要用花葬，我喜歡花……」

勛勛：「我就知道妳阿花啦！」

對話停止了幾分鐘後。

勛勛：「媽媽，妳爲什麼突然想問我這個？」

媽媽：「因爲敗血症，萬一時間不夠，媽咪怕來不及跟你說『我愛你』。」

痛苦？全忘了！——逸庠

逸庠和 Dora 之間因著許多的一樣——一樣的病痛、一樣的年紀、一樣的樂觀不放棄……他們在 93 成為莫逆之交。逸庠 5 歲得了骨癌，歷時 10 幾年的治療過程中雖然一再復發，但是他和家人從未放棄過希望。

第一次復發轉移脊椎時，醫生宣判他只能存活 5 個月。於是父母決定最後的日子帶他大玩特玩。媽媽把本來要去澎湖的機票，改成去美國，就這樣一家四口飛到美國，在美國租了一輛車玩遍美西地區。不算富裕的他們，回到臺灣，存摺裡剩不到一萬塊……

然而，奇蹟就這樣發生了。5 個月後，上帝並沒有把逸庠接走。雖然之後他又陸陸續續復發了幾次，然而每次總是有驚無險的安然過關。如今，他已經是台北醫學院的高材生，依然樂觀，依然堅強，依然勇敢……

5 歲時得了骨癌，過程中歷經了 10 次手術、60 次化療、20 次放射治療，並且復發了 3 次，直到小學六年級，這場戰役終於告一段落……

現在的我正在爲讀哪所大學苦惱中，回想過去如過眼雲煙，只有當下的快樂記憶猶新，痛苦？全忘了！自從回到了正常生活，隨著年紀也越來越獨立，如今已經可以獨自去北榮回診。而離開 93 到現在，最大的成就應該是：漸漸不用拐杖了。

能回學校繼續念書，大概是所有 93 病童共同的心願。7

年療程，回學校的想法，從夢想到現在已經成了理所當然，有時還覺得去上課很麻煩；不像在醫院每天可以睡到自然醒，而是天天被該死的鬧鐘吵醒……但這都只是雞毛蒜皮的事，爲了要去見最親愛的老師、最要好的朋友所付出微不足道的代價。

建議93的孩子們，不要再看電視看到眼睛脫窗、打電動打到手抽筋，93的讀書風氣是我發起的，絕不要把香火給斷掉呀！除非血球太低，不然身體不舒服的最佳良藥其實是「玩」，找其他病友打UNO、Wii，本人呢？則比較喜歡「打麻將」，順帶一提，我是提倡在病房打麻將的開山鼻祖。

其實住院的痛苦不外乎就是開刀和化療，對我而言開刀沒有化療難受。開刀最難受的地方，是在被運到輸送帶上的時候，感覺就像是被當成惡魔的佳餚送入口中，那一瞬間，掙扎是無濟於事的，因爲最後也會莫名其妙的睡著了。等到醒來的時候，你會發現好像從自己的舊皮囊解放了，格外神清氣爽。因爲我們又更加進化、更加昇華，而這份快感也抑制了傷口的痛楚。

而化療最討厭的地方就是一直有噁心感卻又吐不出來，好似自己是個壓力鍋。這時有兩個選擇：第一，就讓他吐吧！反正也不會怎樣，吐完反而有種輕飄飄、飛上天的舒服感；第二，去玩吧！玩永遠是最佳的止吐劑。

所有的病童都一樣，待在病房內最迫不及待的就是想回家。但對已經畢業的我而言，卻巴不得常回93，或許眞的患了思鄉病。沒錯！93早已深根柢固的成爲我們的另一個家，而護士、醫生、病友都是我們的家人。我們就算只是回去門診，也會努力撥出一點時間回「家」看一下，即使畢業了，我們都還是這個家不可或缺的一分子。

身爲病童最重要的就是挖掘深埋在心中、那個能使自己早日康復的萬靈丹——樂觀。樂觀，可以讓一個兩度被宣判日子只剩不久的病童，在此時此刻鼓勵更多病童，並且告訴你們：我活得很快樂！

還有，絕症是用來形容死人的，像我們93病童是不適用這兩個字的。所以千萬不要有放棄的念頭，如果快樂的時間過得特別快，那就把所有93的生活都變得快樂吧！祝福所有人心懷樂觀，勇往直前！

最後，只想說：「如果絕望是扇門擋在你面前，那樂觀就是門鈴，出來迎接你的就是奇蹟！」

踏上人生的伸展台——白白

在 93 病房治療的孩子，有 2/3 以上是得了骨癌的孩子。雖然醫療團隊努力的要為這些孩子保留肢體，但，仍有些許孩子逃不過截肢的命運……白白就是其中之一。

截肢後的她，除了樂觀依舊，更多了堅毅與自信。

她，賦予「失去」更深遠的價值與意義！

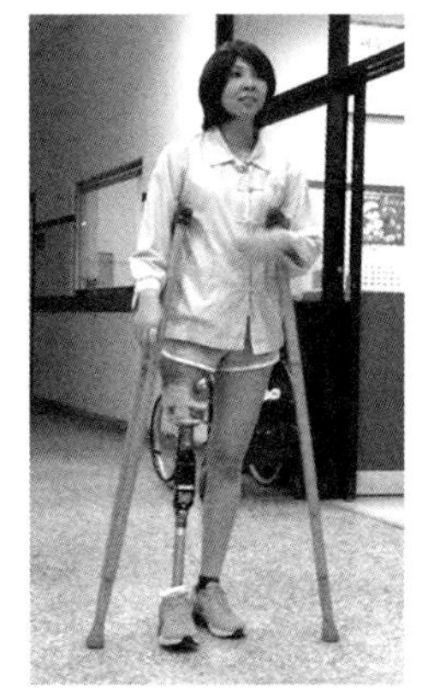

罹患骨癌短短兩年多的時間，經歷了骨癌末期—復發—截肢……當年知道生病時，眞的沒有埋怨，雖然過程中失去身體的一部分，但卻也得到了好多、好多。

如果讓我重新選擇，我還是願意承受這一切，因爲打這場仗是我這輩子最勇敢、也最值得驕傲的事。

「走路」是件再平凡不過的事，但當

穿上義肢踏出另一個嶄新人生的第一步時，眞的開心的想轉圈圈！其實不怕別人知道自己穿義肢（實際上幻想自己是鋼鐵人，只是不會飛），雖然走起路來還是一跛一跛，不過這就是我的特色嘛！

而且，誰說穿義肢不能打扮得美美的？誰說穿義肢一定要穿長褲遮住？誰說穿義肢不能穿短褲、短裙，當個美腿妹？因爲，整個世界就是我的伸展台呀！

以前的我，要求完美；現在，卻覺得有缺陷的人生更完美。只要能活出獨特的自我，就是最獨一無二的！

我沒有特別堅強也沒有特別勇敢，只是從不放棄自己，坦然接受所遭遇的一切，並且相信：只要堅持到底，一定能度過人生所有的困境。

然後，給自己一個滿滿的微笑；然後，走向充滿無限可能的希望！

來自天上的訊息：Dora給所有同學的一封信

死亡，並不可怕，因爲，每個人都會死！重要的是——你用什麼態度和方式活著！

小學一年級開始，常常和媽咪背著大提琴到榮總92病房，用音樂安慰、陪伴那些得了腦瘤的孩子們。沒想到小學四年級暑假，在教會打籃球，大腿骨突然應聲斷掉，到醫院檢查，證實得了骨癌。

從此，被安排住到92病房隔壁的93病房，展開將近5年的抗癌日子。5年當中，共歷經了11次重大手術、33次化療、5次復發。本來有可能被截肢的我，腳竟奇蹟似的被保留下來。

不願辜負盡心盡力的醫生、捐贈大腿骨的姊姊，我花了3年時間努力復健。其實復健的過程很辛苦，常常痛的眼淚狂飆，甚至，打化療時，還邊吐邊做復健。但是，再怎麼辛苦，都無法動搖我想復健的決心！

最後，復健到可以正常走路、可以騎腳踏車、可以游泳、可以跑步。而且，我是93唯一復健到可以跑步的孩子喔！

然而，最讓我心存感激的是，復健邁入第二年時，我帶著健全的雙腿，登上了阿爾卑斯山！

雖然無法回到學校上課，但我並沒有因此放棄任何學習的機會。生病期間，共有5個老師帶著我學習所有的知識和學問，媽咪也是其中之一，她教我大提琴和鋼琴。

媽咪要求老師，不需要照課本幫我上課。所以，我的學習少了學校制式化的框框，多了海闊天空。我很喜歡上課，就算打化療或開完刀，只要身體狀況還Ok，絕不輕易向老師請假。

我有個很特別的數學老師，他原來是台大數學系的教授，後來成爲牧師，在台東輔導一些中輟生。治療期間，他每個星期特地到台北，幫我上數學課和希伯來文（偷偷告訴你們：希伯來文在天上很管用喔）。除了英文，我最喜歡的就是數學，因爲沒有課本，學習很自由，只要學會了，牧師就繼續往下教……移民天堂時，我15歲，而那時的數學，已經上到大學的微積分了。

在93打仗的日子，常常推著點滴架到處串門子，爲剛病發的戰友們解說即將面臨的挑戰。也常和媽咪一起在護理站，或在戰友的病床前，爲他們演奏大提琴，用音樂，幫他們加油、打氣！

是的，收拾悲傷，收拾眼淚，我和媽咪很快的又從「被安慰者」的角色，成爲「安慰者」。

治療的第三年，遇到了黑人哥哥，他常常來醫院看我。

2009年，大年初二，黑人哥哥帶著范范姊姊到93病房，探望無法回家過年的孩子。那時，家妘、奕華和我，都是被留院觀察的孩子。也在那次探訪之後，黑人哥哥有了「Love Life計畫」的構想，而我們三個女孩也願意全力配合計畫的推動。

年初五，黑人哥哥、范范姊姊帶著攝影機，再次回到93病房，親自爲三個罹患骨癌的女孩掌鏡，拍下《Love Life》公益短片，也爲之後的Love Life計畫揭開序幕。

我以身爲Love Life計畫的代言人爲榮！

我是一個基督徒！我也知道，這是上帝爸爸賦予我在地上的功課和使命！

我很喜歡和黑人哥哥一起出席有關Love Life的各種活動，用自己的生命和經歷，提醒每個人要「珍愛生命，永不放棄！」是的，Love Life豐富了我的生命，幫助我找到生命的價值和意義！

最後一次住院時，心裡明白，在地上的時間有限了，於是，主動打電話給黑人哥哥，希望哥哥把攝影機帶到病房爲我錄影。因爲，我想把握最後的日子，幫助更多人。

只要你學會死亡，你就學會了活著！

透過黑人哥哥的鏡頭，只想用我15年的生命提醒你們：死亡，一點都不可怕，因爲每個人都會死，只是時間不一樣而已。重要的是：你用什麼方式和態度面對活著的每一天！

我，用生命記錄 Love Life。

黑人哥哥、范范姊姊，用紀錄片記錄 Love Life。

媽咪，用文字記錄 Love Life，她寫了一本書《93 奇蹟：Dora 給我們的生命禮物》。

你呢？你會用什麼方式記錄 Love Life ？

移民天堂前，我一再叮嚀媽咪：「繼續用愛改變世界。」而今，媽咪不但寫了一本書，還到處演講，媽咪沒有因爲我的離去，深陷悲傷；她，成爲我的續航力，成爲 Love Life 計畫的代言人；她，繼續用愛改變世界！

移民天堂的今天，想邀請你們，加入 Love Life 的行列，成爲 Love Life 的種子部隊，讓我們一起「珍愛生命，永不放棄！」我相信，因爲你們的加入，「用愛改變世界」的夢想，終有實現的一天！

愛你的 Dora

＊註：此篇文章已被編入高中生命教育課程中。

PART 3
愛在 93，永不止息

愛，要及時！

在 93 和 Dora 一起打仗的日子裡，常常陪伴即將離去的孩子。因為家長知道我是基督徒，對死亡不害怕也不忌諱……

佳佳，住院的日子都是媽媽陪伴照顧，爸爸從沒出現過。後來和媽媽熟識後，她才告訴我：爸爸長期在大陸工作，後來有了外遇，之後，就很少回家。以前，佳佳和爸爸感情很好，但是在外遇之後，兩人的互動就越來越少。

那天，佳佳即將離去，媽媽到 Dora 的病房找我，希望我能到佳佳的病房陪她們。走進病房，第一次見到佳佳的爸爸，只見他緊緊握著佳佳的手，那時，佳佳已陷入昏迷。

傍晚，佳佳所有的生命指數歸於零。

她，結束在地上 13 年的日子，移民天堂。

每個孩子離去時，媽媽和護理人員都會為孩子擦洗身體，換上乾淨的衣服。佳佳的媽媽，因為悲傷過度，只能癱坐地上。那天，我為佳佳擦洗身體，換上衣服。之後，問媽媽：「要不要再抱抱孩子？趁她身體還是暖的，還未僵硬……然後，要永遠記住這擁抱的感覺。」

媽媽抱著女兒，放聲大哭……

問爸爸：「是否也抱抱女兒？」爸爸表情木然，呆坐床邊。

我說：「你現在不抱她，等她火化後，就再也沒有機會抱她了。」

他，終於聽了我的話。就在他緊緊擁抱女兒在懷中的那一刻，在這個家，長期缺席的爸爸，突然放聲大哭，哭得好傷心、哭得好久好久。那一刻，他哭盡對女兒的愛，哭盡對自己的懊悔。

在 93 常常上演著一幕幕的生、離、死、別，這一切，只是人生的縮影。然而，這一切的一切，都提醒著我們——愛，要及時！

失去

你曾面對過失去嗎？你曾經失去嗎？

有人說：「年紀越大失去越多。」可是，我說不見得！其實，在我們生下來的那一刻，我們就一直在失去一個東西——時間。而，當我們一分一秒的失去時間時，我們離「死亡」也越來越接近。

雖然聽起來有點恐怖，但，這卻是事實。

出生的那一刻，我們對未來充滿未知，但有一件事情，卻是每個人都肯定的，那就是——我們總有一天會死！既然死亡是每個人都必須面對的課題，我們就必須從死亡，學會如何活著。

Dora 在將近 5 年的抗癌過程中，一直在面對失去……她失去了一個 10 歲到 15 歲的孩子應該擁有的所有正常生活；她失去了身上許多的重要器官；最後，她失去了生命。然而，讓我心存感激的是——她始終沒有失去持續微笑的勇氣、笑看病痛的豁達；還有，Dora 是基督徒，她也從來沒有失去過，她對上帝無與倫比的信心！

我呢？我失去了最愛的女兒。

我說：「失去孩子的媽媽只有兩種選擇：一個是，從此淹死在自己的眼淚裡，從此失去愛的能力；另一個是，選擇與悲傷和平共處，帶著悲傷繼續往前走！」

失去 Dora 之後，我沒有失去愛的能力，上帝反而賜給我更多愛的能力。沒錯，我們都會失去，我們總有一天要面對失去；但是，上帝卻在我和 Dora 的身上賦予「失去」更深遠的價值和意義！

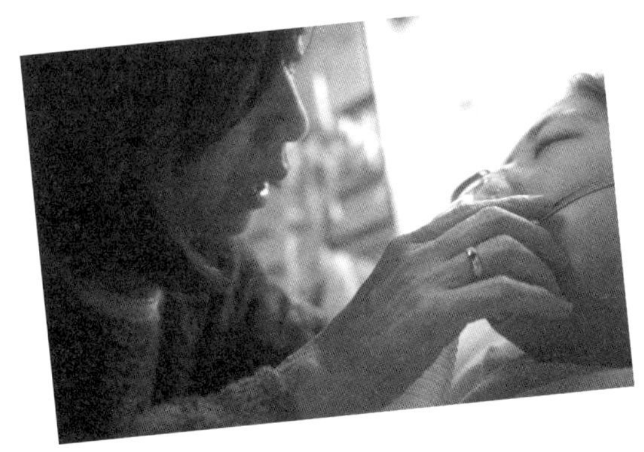

失去孩子的哀慟，我知道！給我的生死之交——青青

青青：

雖然常聽妳述說妳和 Amy 的故事，但在看「失去孩子的哀慟，我知道！」訪談文章時，仍止不住滾滾滑落的淚水。

還記得，Dora 剛病發時，妳到病房看我們；走出隔離室，妳才輕輕的告訴我，妳的女兒也住在 93 病房，而且已經面臨癌末。當時，除了震驚，還有許多感激、許多感動、許多心疼。站在我前面的，不再是兒科督導長，她，是個堅毅的母親！

知道嗎？妳的出現，帶給我多大的安慰和往前的動力。那一刻，我明白，原來，我仍然可以回到「安慰者」的角色；即使，面對重病的女兒……

青青，謝謝妳，一路陪伴著 Dora，尤其在她最後的日子，鼓勵我，讓她和黑人哥哥一起到北京領公益獎章，並且上臺演奏大提琴。知道嗎？沒有妳的鼓勵和陪伴，我和奕華媽媽絕對不敢讓這兩個癌末的孩子出國。

當時的奕華剛做完肺部手術，Dora 則癌細胞轉移骨頭多處，必須吃嗎啡止痛……兩個，同時被宣判存活率是零的孩子，竟然可以在那時相偕出國。然而，奇蹟就這樣發生了，出國的3天，兩個孩子都好快樂，而狀況也都很好，Dora甚至不太需要吃嗎啡止痛。

那次，Dora在北京的大舞臺上，完成她人生最後一場演奏會。回到臺灣，一個多月後，病逝榮總……

青青，謝謝妳，爲我，爲孩子，留下許多美好。因爲妳的提醒，因爲妳的陪伴，讓我，沒有遺憾；讓孩子的生命畫下圓滿的句點。

嗨！我的生死之交，我的親密戰友，我知道，如果上帝讓我們有選擇的權利，我們一定會選擇當個平凡的母親，然後，看著我們的孩子長大，陪著我們的孩子變老……就像大多數的母親一樣。然而，上帝卻給了我們不一樣的人生道路、不一樣的人生功課。終有一天，我們會明白——痛苦是必須的，因爲其中確實帶著目的；而，生命中每個悲劇都有答案，不是嗎？

Amy離去8年，Dora離去3年的今天，我想，妳、我都漸漸明白——Amy、Dora、妳、我，都是被揀選的，上帝絕不會讓我們的孩子白白受苦！因爲，祂知道，我們不但能接住苦難的試煉，也能度過苦難的熬煉。

是的，我們終將成爲孩子的續航力！

加油！一起。

Dora 媽咪

＊註：青青，臺北榮總兒科督導長、榮總 93 病房家長。

我什麼都不要，我只要我的身體健康！

靖雯，已經在兩年前移民天堂，前陣子看到她以前 Po 在 Facebook 的短文，不禁百感交集。靖雯治療的時間，曾經和 Dora 有過短暫交集⋯⋯

那時 Dora 參加骨癌標靶治療的實驗，大部分的時間都住在 92 病房，只有在奕華回到 93 治療時，她才會到 93 病房找奕華。

Dora 離去之後，有一天，靖雯爸爸告訴我⋯⋯

Dora 治療的最後一年，常常看到她出現在奕華的病房，那時根本不知道 Dora 也是 93 骨癌的孩子，因爲她不但動作俐落，笑容總是如此燦爛，而且紅潤的臉色中根本看不出一絲病容。殊不知，那時的 Dora 已經是被宣判癌末的孩子⋯⋯

每當 Dora 走進奕華的病房，總會看到奕華臉上散發著睽違已久的光彩，受Dora的影響，原本沉默的奕華，話突然變多；兩個女孩一起窩在病床上，嘰哩呱啦總有聊不完的話，總有不斷的笑聲。我和靖雯都很羨慕奕華有那麼好的朋友，願意常常來醫院陪她；後來，沒多久，竟然聽到 Dora 去世的消息，讓我好震撼、好難過！直到那一刻，才知道，Dora 竟然也是 93

骨癌的孩子。

Dora 離去後，每當靖雯回 93 治療，我都會抽空去陪她。

靖雯生病將近 7 年，我陪伴她 5 年多，看著她歷經大大小小的戰役，看著她一路過關斬將。

靖雯，話不多的 15 歲女孩，臉上總掛著甜甜的笑，在榮總的治療，當時已邁入第三年。2014 年 1 月結束療程，本來以為可以回到學校念書了，但 11 月追蹤檢查時，發現原發部位再度復發，便回到醫院接受化療和放療……然而，可惡的癌細胞，並沒有因為雙管齊下的治療而放過她，腫瘤再度轉移肺部……

之後，靖雯接受肺部腫瘤切除手術。手術第三天，我到病房看她，笑容依舊，沒有埋怨、沒有眼淚。好一個 93 的生命鬥士！看見她在臉書寫了一篇短文，雖然沒有洗練的筆觸，字裡行間卻是如此真實；如此充滿盼望；如此觸動人心……

看到隔壁床的哥哥剛開刀完下床在練習走路，就會想起兩年前開刀，超大型的骨盆重建手術（將骨盆拿下來，把骨盆上的腫瘤處理掉之後，再裝回去），剛開刀完只要一個小動作就可以讓我叫到破音，眼淚流整桶。

下床練習走路的時候，爸爸媽媽像我的左右護法一樣保護我。從剛開完刀、拿助行器走路約半年後，陳主任要我改爲用兩支拐杖走路，幾個月後換成一支。

其實我對那次的手術印象模糊。只記得，是在尖叫、淚水、汗水中度過……一直到現在，我的腳已經沒有任何疼痛的感覺，還有很多人看到我走路時，都會問：「妳手上那支拐杖到底有沒有用到？」我眞的超開心的！

眞的很感謝爸爸媽媽一路陪伴我、照顧我，減輕我面對開刀的恐懼和復健過程的疼痛，經過這一切，我才知道他們有多愛我，我有多愛他們！

每次過年，都會有許多人問我：「新年有什麼新希望？」每次生日，都會有許多人問我：「想要什麼禮物？」其實，當時的我只想回答：「我什麼都不要，我只要我的身體健康！」

或許，你正面對生命中的一些難處。

但是，和這些孩子比起來，你的難處是否變得微不足道了？！

給甜甜圈哥哥

Dear Eddie：

又是許久不見，忙碌的我們，因爲演講，因爲拍戲，錯開了彼此見面的機會。然而，透過媒體報導，仍常看到你的身影……知道你越來越好，也越來越精采！

認識你，是在你人生最低潮的時後。那時，身爲好友的范范和黑人，不斷的鼓勵你、支持你。有一天，黑人告訴你：「我要帶你到一個，能給你感動和能量的地方。」於是，6年前的某天，你第一次出現在93病房；之後，你帶著媽媽一起，常常出現在93。

每次到93，你都會帶許多甜甜圈，分送給病房的每個孩子。也因此，孩子給了你一個暱稱——甜甜圈哥哥。是的，在93孩子的心目中，你不是「大明星」，你是他們最愛的「甜甜圈哥哥」。

或許，這些孩子的生命，點燃了你的鬥志……

從此，漸漸的，看到你在螢幕中嶄露頭角！

然而，越來越忙碌的你，始終沒忘記93的孩子，只要拍戲的空檔，你仍出現在93。

還記得，柏志癌末時，他的爸爸告訴我：「柏志很喜歡甜甜圈哥哥，不知孩子離去前，有沒有機會見哥哥一面？」發了封簡訊問你：「有空嗎？」當時，並不抱很大的期望，在國外忙著新片宣傳的你，怎可能找得出空檔？沒想到，你馬上回我：「Dora 媽咪，過幾天會回臺兩天，93 見！」

短短的回答，卻道盡了你對 93 孩子的愛。

那天，一下飛機，你和媽媽直奔 93，直到晚上 10 點多才離開，連晚餐都沒吃。後來，我們才知道，那天是你的生日。

小湘離去前說：「好想再見哥哥一面……」打電話告訴你，你二話不說，推掉那晚既定的所有行程，火速趕到醫院。原本陷入半昏迷的孩子，聽到你的聲音，努力的張開了眼睛……那晚你和媽媽直到好晚才離開醫院。離開前，小湘爸媽緊握著你和媽媽的手，止不住臉上滑落的淚水，淚水裡有著深深的感激……

每當新片上映，你一定包下電影廳，請孩子們看電影，從《聽說》《翻滾吧！阿信》到《黃飛鴻》……電影中敘述的「黃飛鴻」，何嘗不是你眞實的寫

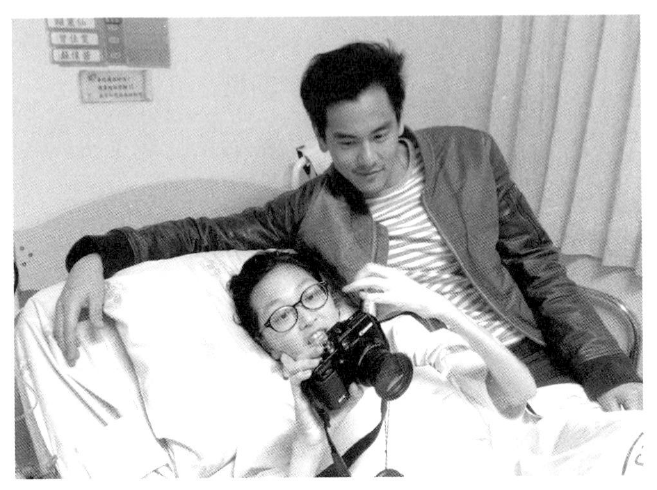

照——堅定中帶著溫柔；熱情中帶著執著；而那顆爲「愛」而義無反顧的心……我知道，你也是。怪不得，你能演得如此傳神，如此投入！

孩子們喜歡你拍的每部電影。經過多年，你未曾改變——你仍愛著93的孩子；你仍堅持夢想；你仍爲夢想全力以赴！謝謝你參與孩子的生命，陪他們走一段……對93的孩子，你不是那遙不可及的大明星；你是一直疼他們、愛他們，那幽默、風趣、親切的大哥哥……

有機會回臺灣時，記得，給個電話。Dora媽咪，要送給你一個大大的擁抱……當然，還有，93的孩子們。

愛你的Dora媽咪

舞出祝福，舞出愛——給北藝大的一封信

因爲一場演講的邀約，北藝大舞蹈系的孩子和93的孩子，搭起了「愛的橋樑」。

那年我應邀到北藝大爲你們演講，那是我們第一次見面。演講中見到許多孩子頻頻拭淚，我知道93的故事深深的震撼了你們，也深深的感動了你們。

演講之後，你們一直和我保持聯絡，也常邀我出席學校的舞展，並且把我奉爲上賓！謝謝你們在舞展前，貼心的爲我準備熱可可和烤土司……這一切的一切，深深溫暖我的心。

然而，你們不但用力的愛我，也希望能用力的愛93的孩子們。

演講中得知，93的孩子因爲化療，血球低，害怕感染，所以無法到公共場所。更別說看電影、聽音樂會、看舞展……因而，你們有了爲93孩子表演的想法；也在半年前，爲這想法付出行動！貼心的你們，不希望讓93孩子辛苦往返，所以一開始選擇在92遊戲室表演；然而，礙於場地太小，只好放棄。就在今年初，你們決定邀孩子到北藝大新落成的舞蹈廳看舞展，一場只爲93孩子表演的舞蹈，因而誕生！

你們不但自己製作海報、邀請卡，演出前夕，還親自到每間病房邀請孩子們……是的，93 許多孩子都感受到你們的愛和熱情！那天，許多 93 癌症病童、92 腦瘤病童，甚至，大德安寧病房的大人，都參與盛會。演出過程，大家都感受到你們用生命全心全意的爲這群病重的孩子們舞蹈。

當最後一支舞蹈呈現在孩子面前時，我能感受到你們的激動，以及內心的悸動；分不清，在你們臉上滾滾滑落的是淚水還是汗水。是的，那晚，93、92 的孩子們，爲你們上了最珍貴的一課！

Dora 媽咪主修大提琴，在舞臺上曾有無數次的演出。然而，每次爲重病的孩子演出，透過音樂傳達滿滿的愛、深深的關懷……都讓我再一次眞實的體會「藝術」的眞諦，不就是如此嗎？

謝謝學芯，對 93 孩子們說的一席話。讓孩子們知道，他們的生命影響了你們的生命；讓他們知道，即使生病，仍能活出生命的價值和意義！當青青致詞時，只見臺上的你們與臺下的我們，頻頻拭淚……是的，那晚我們的心都是滿的。

謝謝美蓉老師，謝謝妳，把孩子帶得如此精采！這群孩子，不但有精湛的舞藝，最重要的是——他們都有顆善良、柔軟的心。

孩子，我知道，你們的舞藝會繼續在舞臺上發光發熱！答應我，你們的生命也要繼續發光發熱……然後，成爲許多人的祝福！

加油！孩子們……

好愛、好愛你們的 Dora 媽咪

告別

Dora 和奕華同時被宣判——存活率是零。

那天，奕華緊緊握著 Dora 的手，跟 Dora 做最後的告別。奕華止不住臉上滑落的淚水，久久無法言語……

Dora 安慰奕華：「不要傷心，不久我們就可以在天上再度相聚了，又可以一起上課、唱歌、打麻將、玩遊戲……然後，我還可以帶妳遊歷天堂。」

奕華的不捨，Dora 的叮嚀……兩個癌末孩子的告別竟是如此讓人心碎。

幾天之後，Dora 移民天堂。

3 個月之後，兩個孩子再度相聚天堂……

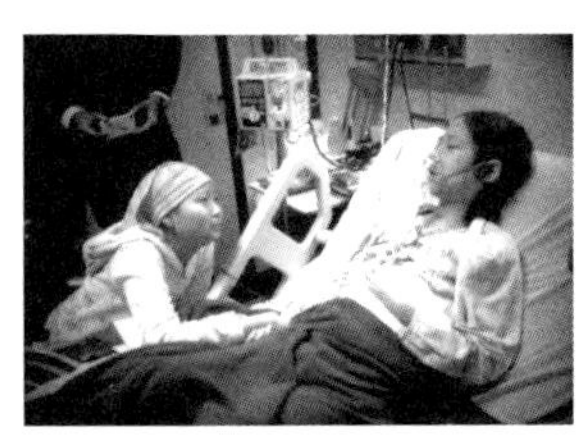

Wii

那段時間，93 的孩子很喜歡一起玩 Wii。

四個正在打化療的孩子，專注的看著螢幕，專注的操控手上的遙控器。至於化療？？去他的「化療」！誰有空理它！Wii 讓四個打化療的孩子，忘記了化療帶來的不適和痛苦。

還記得，有一次 Dora 和小高一起打 Wii，過程中戰況激烈！第二天一早，小高一直喊胸痛，醫生很緊張，以為是化療傷到了心臟；因此，為他安排了許多檢查，但仍無法找出胸痛的原因。醫生百思不解，問小高：「還記得前一天吃了什麼？還是，做了什麼？」小高回答：「和 Dora 打了一整個下午的 Wii……」

至此，謎底終於揭曉，真相終於大白——因為打 Wii 時，動作太激烈，造成肌肉拉傷。

從此，每當醫生看到孩子在打 Wii，總會緊張的提醒他們：「別打得太激烈喔！」

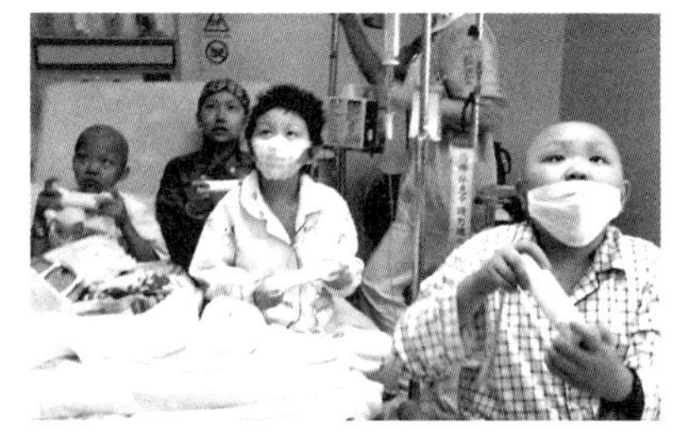

愛，永不止息

有時候我們感覺這個社會的價值觀正在錯亂中；倫理道德正在淪喪中；人和人之間的信任，正在瓦解中……然而，面對這一切的一切，我們並非無能為力！因為，我相信每個人都有愛的能力！

愛，是上帝放在人類生命中的本能。

愛，是上帝賜給人類最美好的禮物。

愛，也是人之所以為人的唯一答案。

我深信，唯有愛能喚醒人們的良知；我也深信，唯有愛能喚醒人們善的一面；我更深信，唯有愛能幫助人們，找到生命的價值與意義。

在93多年，我感受到人與人之間，最無私的愛！而這愛，也幫助我找到生命的價值與意義！

哲霖，告別式那天，93的護理人員、孩子、家長……將近50人，遠從北部、南部，到臺中殯儀館，送哲霖最後一程。而這其中，有一半以上的家長已經失去孩子；還有一些，孩子仍在治療中。

然而，在這一天，大家放下心中屬於自己的悲傷，陪伴剛剛失去孩子的爸媽。不需安慰的語言，淚眼模糊中，道出彼此的心、彼此的了解、彼此的傷痛與不捨。

那天的司儀是歐爸爸，他的孩子阿志，也是骨癌的孩子，仍在 93 治療中，是個很辛苦的孩子。歐爸爸在主持告別的儀式中，幾度泣不成聲。

我寫了一封「寄到天堂的信」，在告別式中唸給哲霖。自認為「身經百戰」的我，竟然在無法克制的哭泣中，斷斷續續的唸完了信……

有人問我，哪來的勇氣，一而再，再而三，回到最傷痛的地方？

愛是我唯一的答案，也是永遠的答案！

但願，93 的愛，能溫暖漸漸冷漠的世界。

但願，93 的愛，能喚醒漸漸被遺忘的愛……

幾個月前，歐爸爸在 Facebook 寫了一篇感人的文章，許多人留言給他，其中一篇留言來自台大醫院……一個孩子也得了骨癌的媽媽。因為種種原因，後來，媽媽決定讓孩子轉到 93 治療，歐爸爸義不容辭協助媽媽，除了聯絡陳主任，還親自帶媽媽和孩子看陳主任的診。

那天到病房看孩子們，剛好接到靖雯爸爸的電話，在電話中，他特別交代我去探望從台大轉來的女孩——亞諭，到護理

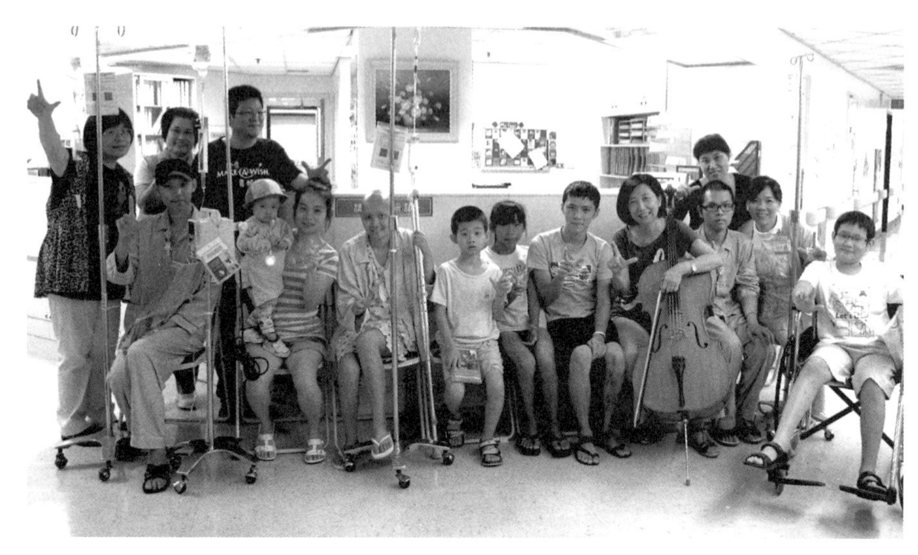

站詢問亞諭的床位，護理長還貼心的親自帶我到她的病床。

走進病房，亞諭一眼就認出我來，大喊一聲：「Dora 媽咪！」讓我很驚訝，也感覺很親切。

問她：「為何認識我？」

她說：「學校曾經播放《Love Life》紀錄片，因此知道妳和我有一樣的信仰——我們都是基督徒。」

問她：「看過紀錄片，而今，居然成為 93 的一分子，心裡有什麼感覺？」

她說：「感覺很奇妙……」

亞諭，有著一雙靈活慧黠的大眼，臉上始終掛著甜甜的、還有點俏皮的笑。談話之間，發覺她是個樂觀、勇敢、貼心有禮貌的孩子。通常剛病發的孩子，因為一時無法接受突如其來的身心驟變，都不太願意與人交談，但亞諭卻在我們第一次見面時，願意敞開心懷，與我侃侃而談，讓我覺得很窩心，也很感動。

離開前，問她：「願意讓我為妳禱告嗎？」

她，用力的點頭……

那晚，在咱們 93 專屬 Facebook，介紹亞諭讓大家認識，引起 93 戰友很大的迴響，許多戰友們，紛紛進來，為她加油打氣。這就是咱們 93 最珍貴的精神——縱使在患難中，仍不忘互相扶持，為彼此伸出援手。

哲霖爸爸——咱們 93 最資深的爸爸，也是最資深的講笑話高手，只要有他的地方，總是充滿笑聲，他把歡笑帶進 93 的每個角落。喔！對了，還有，他泡的茶，特別的香喔。

哲霖——則是目前在 93 認識最久的男孩，酷酷的外表下，偶而露出的笑容，還是那麼靦腆，那麼純真。打仗許久的他，常常在 93 進進出出；然而，他總是坦然面對每一個治療、每一次手術……從不抱怨，從不放棄！療程期間，爸媽總會把握機會，帶他到處遊山玩水……前不久的澎湖之旅，拍出的相片，每張都笑的好燦爛。他，努力的活在當下；他，是 93 的「老兵」，一個身上滿有光榮印記的老兵！

歐爸爸——話不多的他，卻有滿腔的熱誠，總是默默的為93孩子和家長付出愛和關懷……相信，他願意付出的心，也感染了他的孩子——柏志。

柏志——在小言第一次踏進陌生的93時，刻意在護理站陪伴她，談笑風生中減輕不少小言的傷心和恐懼。柏志很愛笑，笑起來總是露出他那口又白、又整齊的牙齒，他燦爛、單純的笑容，足以融化所有的憂慮、傷心。

靖雯爸爸——資深爸爸之一，有著滿腔的愛和熱情，古道熱腸的他，常常為新來的戰友伸出援手。每次到93看孩子時，他總會為我介紹新來的戰友，希望我親自為他們加油打氣，還有面授機宜。

靖雯——是目前在93認識最久的女孩，臉上總是掛著淺淺的笑容，看似文靜的她，卻有著一顆堅毅過人、不輕易放棄的心。和她之間有種說不出的默契……是一種因為愛、因為信任而建立的默契。最喜歡她傳簡訊給我……「媽咪，很想妳，可以來看我嗎？」收到這樣的簡訊，心裡總是暖暖的，再忙，都不能讓她失望。

游爸爸——他的細膩、貼心、柔軟，相信是每個孩子或家長，在第一次見到他時，就能感受得到的，他總是細心的提醒孩子剛病發的家長，照顧孩子時要注意的地方。

阿銘——咱們 93 的地下公關主任，他和 Dora 很像，常常推著點滴架到處串門子，一個成熟、熱情、心很軟的懂事男孩，每當有新的戰友加入戰場時，他總是第一個出現在他們病房，其實，不需太多加油打氣的話，只要看到他陽光般的燦爛笑容、對戰友們就是好大的安慰和鼓勵，不是嗎？還記得，他頭髮剛掉光時，還請我在他頭上簽名，而那張相片，也成為我每次演講的經典題材。每次住院或出院，他總會通知我，讓我倍覺溫暖窩心……阿銘，謝謝你喔！

萱萱（小太陽）——看到萱萱的笑容，就好像看到烏雲密布的天空中，露出了一線曙光，讓人充滿希望。還記得，有一次去看萱萱，那時她正在打化療，非常不舒服，但是看到我，還是勉強擠出一絲笑容，讓我又心疼又感動。小太陽是我給萱萱的綽號，因為她的笑容就好像溫暖的陽光，能照亮每個陰暗的角落。

阿布——是咱們 93 不折不扣的才女，喜歡畫畫的她，每次住院，行李中除了必須的日用品，再來就是一堆畫具。從她的畫中，看得出她的敏感和細膩，第一次見到她時，她興奮的跟我聊到她的夢想……發亮的眼睛，堅定的語氣，我知道，有一天，她一定會為自己的夢想付諸行動！

小宥——那次到病房探望靖雯，準備離開時，隔壁病床的媽媽，突然叫住我，問我：「妳是 Dora 媽咪嗎？」我說：「是啊！」媽媽說：「女兒剛病發，妳能看看她嗎？」和每個剛病發的孩子一樣，小宥眼神中透著不安，透著悲傷。

她說：「病發前，曾經看過 Dora 的紀錄片。」我說：「知道嗎？ Dora 拍這紀錄片，除了提醒世人要珍愛生命，最重要的是要傳達訊息給每個 93 的孩子，希望她的戰友們在打仗的過程中，仍能堅持夢想，堅持對生命的熱愛。而，她希望帶給妳們的是——往前的動力和勇氣！」說著，說著……只見小宥的眼淚滾滾而下……那一刻，我知道，當小宥把眼淚擦乾時，她將會堅定的往前走。

小言——第一次見到她，剛從 18 樓下來，手臂已截肢……雖然有許多人陪在她的身邊，仍無法減輕她驚恐、悲痛的情緒。再次見到她，是在 93 看電影那天，知道她要和大家一起看電影，讓我很欣慰、很感動。那天，看到她臉上綻放的笑容，我知道，她會是咱們 93 另一個勇敢的鬥士。

93 還有許多已經發生，正在發生，或還沒發生的故事……

而，每個人，都是故事中的主角。

沒錯！ 93 的故事會繼續，93 的愛也會繼續！

在這場戰役中，93 每個孩子和家長，把珍愛生命、永不放棄的精神發揮的淋漓盡致；因為愛，因為勇氣，因為永不放棄的盼望，93 的奇蹟，也會繼續……

＊註：文章中的哲霖、柏志、小言、萱萱、亞諭、靖雯都已先後移民天堂，僅以這篇文章紀念這群精采的勇士們！

PART 4
寄到天堂的信

致親愛的小天使們

孩子們，謝謝你們。

讓我參與你們的人生，陪你們走生命的最後一段路。

如今，你們可以驕傲的說：「那美好的仗我已經打過了，當跑的路我已經跑盡了，所信的道我已經守住了！」

謝謝你們把愛化為翅膀，祝福許多許多人……

好愛你們，也好想念你們……

咱們，天堂見！

永遠的小太陽——萱萱

Dear 小太陽：

第一次在 93 病房見到妳，妳就送給了我一個甜甜暖暖、超級燦爛的笑容，把我的心都給融化了。看到妳的笑容，就好像看到烏雲密布的天空中，露出了一線曙光，讓人充滿希望。從此，我叫妳「小太陽」，因爲妳的笑容就好像溫暖的陽光，能照亮每個陰暗的角落。

3 年來，只要妳回 93 治療，Dora 媽咪都會抽空到病房陪妳，也因爲如此，我們的感情特別好。Dora 媽咪寫的書《93 奇蹟：Dora 給我們的生命禮物》，妳來來回回看了好多次。還記得，有一次去找妳時，妳正在看這本書，那專注的眼神，讓人很難相信，當時的妳只有小學三年級。

問妳：「爲什麼那麼喜歡這本書？」

妳說：「因爲我很喜歡 Dora。」

也因爲如此，妳常常要我講 Dora 的故事，有關 Dora 小時候或生病之後的點點滴滴，妳都非常有興趣，妳對 Dora 充滿好奇……每當我停下思索時，妳總會催促說：「再講，再講多一點！」

雖然在不同的時空，但妳和Dora之間卻有著某種緊密的連結，怪不得妳那麼喜歡Dora姊姊，因爲妳們之間有許多相同的特質……一樣的溫柔體貼；一樣的心思細膩；一樣的聰慧敏銳；面對病痛，一樣的不懼怕！

然而，妳們還有一樣迷人的笑容。是的，即使病痛纏身，妳們自始至終沒有失去持續微笑的勇氣！

那天，發覺妳桌上放著幾本鋼琴譜，相問之下，才知道妳正在學鋼琴。

妳問我：「Dora媽咪，妳會彈琴嗎？」

我說：「廢話！我當然會彈琴！」

妳滿臉狐疑的說：「眞的嗎？妳不是只會拉大提琴？」

我說：「不相信的話，我們馬上到92遊戲室，妳隨便點一首曲子，我馬上彈給妳聽。」

於是，我們手牽手到遊戲室……那天，妳不只點了一首曲子。妳狐疑的眼神不見了，卻多了崇拜的眼神！從此，我們多了一層「師生關係」。

那陣子，Dora 媽咪常常在遊戲室幫妳上課，妳對學琴充滿熱情，充滿渴望。我用各種方法帶著妳進入音樂寬廣、豐富的世界。彈琴時，我會隨著妳的音樂翩翩起舞，我們一起享受音樂的繽紛，我們一起享受音樂的美好。而妳的表現常讓我驚喜萬分，驚嘆妳超強的領悟力和對音樂詮釋的能力！

眞希望能更早帶妳徜徉在音樂的世界裡，因爲那時候的妳已經面臨癌末階段，除了體力不如前，疼痛也常折磨著妳。即使如此，我們的鋼琴課仍持續中，妳甚至要求 Dora 媽咪給妳更多功課。聰慧、敏銳的妳，似乎已經意識到能再學琴的日子不多了……

離去前的日子，因爲虛弱，因爲疼痛，鋼琴課無法再持續。雖然，我們的「師生關係」短暫，然而，那段上課的快樂時光，卻足夠讓 Dora 媽咪回味一輩子。

12 歲的妳，人生有一半的時間深陷戰場。

12 歲的妳，爲自己的生命奮戰到底。

12 歲的妳，展現異於常人的勇氣。

12 歲的妳，擁有一般人望塵莫及的智慧。

12 歲的妳，面對死亡無畏無懼，用盡最後一絲力氣，頻頻回頭安慰所有愛妳的人。

小太陽，放下所有的牽掛，自由自在翱翔天際吧！

妳所愛的家人，會帶著妳留給他們滿滿的愛、無限的勇氣，繼續往前走……

相信，妳已經見到 Dora 姊姊了，她是不是正帶著妳認識新環境？ Dora 姊姊是最溫柔體貼的姊姊，她一定會好好照顧妳。

喔！對了！到天堂要繼續學琴喔，在那裡一定有許多精采的老師可以教妳。改天，Dora 媽咪也到天上和妳們重聚時，妳要成爲 Dora 媽咪的最佳伴奏，Ok ？我們就這麼約定囉！

想念妳甜甜暖暖的笑容；想念妳送給我的每一個飛吻；想念我們每一個擁抱；想念和妳手牽手在 93 病房繞圈圈散步的每一刻；想念所有的想念……Dora 媽咪深深感激能參與妳短暫的生命，陪妳走一段。

謝謝妳，我永遠的小太陽。

深深愛妳的 Dora 媽咪

貼心、懂事又善解人意——柏志

Dear 柏志：

那天，到殯儀館看你，雖然，再也感受不到你的氣息，再也感受不到你的溫度，然而，當我凝視著你時，彷彿又看到你露出一口整齊潔白的牙齒，對我微笑。

還記得，第一次到病房探望你時，才一推開門，還來不及自我介紹，你就送給我一個燦爛的微笑，還搶先說：「我知道，你就是 Dora 媽咪！」這，不但讓我印象深刻，也讓我溫暖在心。

從那時開始，每次到 93，Dora 媽咪一定會去看你。

而今，在 93 再也看不到你的身影了，讓我好失落。

孩子，Dora 媽咪已經開始想你了……

治療情況一直不樂觀的你，後來，癌細胞轉移腦部，一個個看得到的腫瘤，從你的頭上冒出來，眼睛上的腫瘤甚至讓你的眼睛無法張開。面對一天天長大的腫瘤，你心裡的恐懼、傷心，可想而知。

然而，貼心、懂事又善解人意的你，仍用一貫的燦爛笑

容，面對每一天，面對每一個人，因爲，你不要我們爲你擔心、爲你難過；你，用燦爛的笑容，隱藏心裡的害怕和傷心。

生日那天，韋廷媽媽彈著 Keyboard、Dora 媽咪拉著大提琴、韋廷爸爸彈著吉他，我們在你的病床前載歌載舞，爲你慶祝人生最後一個生日。許多 93 戰友推著輪椅、拄著拐杖，紛紛到你的病房，爲你送上祝福……看得出，你在 93 的好人緣。

雖然，我們彼此都知道，這是大家最後一次爲你慶生。然而，那天的病房，沒有一絲悲傷的氣氛，大家都努力的想留住那一刻美好；而，你的招牌笑容，也始終沒有從你的臉上消失。

貼心、善良的你，病痛中，仍不忘時時爲戰友們加油打氣。

還記得，馨言第一次踏進陌生的 93 時，那時的她剛被截肢，臉上滿是驚恐和悲痛。你在護理站陪著她，以過來人的身分，安撫她不安的情緒，更用你一貫的笑容撫平她的悲傷。

柏志，知道嗎？你燦爛的笑容，好像一股暖流，足以融化所有的傷心和憂慮；你燦爛的笑容，爲 93 戰友們，帶來許多安慰和前進的力量！

柏志，我們眞的好想、好想你……

見到 Dora 了嗎？見到 93 許多戰友了嗎？

當我們在地上爲你舉辦「畢業典禮」的同時，你們是否也正在天上舉辦「迎新派對」？

柏志，你是個幸福的孩子，因爲，你有好愛好愛你的爸爸、媽媽，在 93 的日子，他們無怨無悔、寸步不離的照顧你，陪著你一起在槍林彈雨的戰場中出生入死；陪著你一起哭、一起笑……而今，你已打完在世上美好的一仗，卸下身上所有的病痛，帶著滿滿的愛和許多的美好回到天堂。

記得，把爸爸、媽媽和弟弟的愛，一起帶到天堂去，讓他們的愛陪著你在天堂的每一天。放心，我們會繼續陪著他們，你不要有太多的牽掛和放不下。有空到他們的夢裡，讓他們看看你，告訴他們：你很好。

愛你的 Dora 媽咪

93戰友們的精神指標——靖雯

最愛的靖雯：

知道嗎？有一種失敗是可以和勝利相匹敵的，那就是爲注定的失敗全力以赴！

6年，妳扎扎實實打了6年的仗。

在戰場上，妳從不退縮；妳從不放棄；妳始終勇往直前！

陪妳打仗的日子中，從來沒看過妳爲自己掉一滴眼淚。妳不哭不鬧，在妳臉上永遠掛著滿滿的笑容，也因爲如此，我們更加心疼妳，更加想念妳。

直到妳離去，爸爸才告訴我，妳曾經告訴爸爸：「我很想認Dora媽咪當乾媽。」然而，貼心的妳，幾經考慮，還是沒有對我說出口。後來，妳告訴爸爸：「還是不要好了，免得Dora媽咪因爲我的病情，爲我擔心、難過。」

傻孩子，在媽咪心裡，早就把妳當成我的女兒了。

面對妳每一次的復發，我一樣擔心不捨；面對妳的離去，我一樣悲傷難抑。而今，在93再也看不到妳的身影，媽咪眞的覺得好失落、好失落；我眞的好想、好想妳……

自從 Dora 離去後，妳一直陪伴著媽咪，4 年多來，只要妳回 93 治療，總會發簡訊給我：「媽咪，我回 93 了，這次爸爸有帶雞腳凍要給你喔！」貼心的妳，只要有好吃的，一定不忘記也幫媽咪準備一份。

每次到 93 看孩子，只要妳在，我一定先去看妳，偶而也留下來陪妳一起吃晚餐。貼心的妳，知道媽咪獨自住山上，每當時間太晚時，妳和爸爸總會趕我回家：「媽咪，趕快回家，山路不好開車，太晚回去很危險。」

回家前，我總會抱著妳，在妳耳邊輕輕說：「愛妳喔。」

而妳總回答：「我也是。」

靦腆的妳，總無法把「我愛妳」三個字說出口；但是，我知道，在妳心裡，你真的很愛很愛我，不是嗎？

身經百戰的妳，總是處處爲 93 戰友們著想，雖然年紀輕輕，儼然已經成爲 93 戰場中的老將。已身陷戰場多年的妳，不但爲自己的生命奮戰到底，在打仗的過程中，卻也仍不忘頻頻回頭，去照顧那些剛投入戰場的「菜鳥」們……既使面對生命的盡頭，妳仍然提醒媽咪：能不能去探望在妳對床剛病發的小女孩……

6年來，妳和爸爸無私的愛、熱心助人的精神，成爲93的典範！

6年來，妳「珍愛生命，永不放棄」坦然面對病痛的態度，成爲93戰友們的精神指標！

多年的打仗，妳和爸爸不但越戰越勇，同時，你們的生命也成爲許多人的幫助和祝福！

靖雯，6年了，也是妳該光榮退伍的時刻。面對妳的離去，我們不捨，我們悲傷難抑，但，我們也不忍再把妳強留下來……妳已經打完在世上美好的一仗，妳留下許多愛和勇氣的故事，將繼續激勵許多93的戰友們；同時，也激勵許多妳愛和愛妳的人。

有空，記得到爸爸、媽媽、弟弟和阿嬤的夢裡逛逛，告訴他們：妳很好！

咱們，天堂見！

愛妳的媽咪

全力以赴，從不退縮的勇士——哲霖

嗨！哲霖：

剛剛移民天堂的你，應該很忙吧？

忙著認識新環境；忙著和93病房的戰友們寒暄敘舊；忙著參加天堂爲你舉辦的迎新派對……

見到Dora了嗎？她現在可是天堂成員的老鳥了。你離開的那天，Dora媽咪特別在禱告中提醒Dora，要好好照顧你。

還記得，你們在93治療期間，Dora常常推著點滴架，到你的病房找你。你們都是話不多的孩子，每次見面，兩個人淡淡的說聲：「嗨！」彼此臉上掛著淺淺的笑。然後，Dora就會靜靜的坐在你的身邊，默默的看著哥哥打電動，有時，一坐就是一個鐘頭；但這中間的過程裡，卻一句交談都沒有……

這就是所謂「93的默契」！同樣的病痛；同樣的戰場；同樣的苦難；同樣的面對……然而，你們也都同樣的勇敢。

多年來，共同培養的革命情感，不需要任何語言，就能道出彼此的心，不是嗎？而今，曾經一起在地上打仗的你們，再次在天上相聚，是否，沉默依舊？默契依舊？很想你們，眞的！

6年打仗的日子，恭喜你，英勇退伍，卸下世間一切勞苦重擔，帶著光榮的印記直奔天堂！面對這場戰役，你從不退縮的勇氣；全力以赴的精神；永不放棄的態度……

你，眞的好努力！

你，讓我們以你爲榮！

你，是咱們93英勇的戰士！

而，這一切的一切，也讓我們特別想念你！

放心，我們會繼續陪伴爸爸、媽媽。驟然失去最愛，是所有父母無法承受的痛，但也因爲愛過才會痛。6年來，他們陪著你一起打仗；一起遊山玩水；一起出生入死；一起哭；一起笑……哲霖，你是個超級幸福的孩子，你有個超級溫柔的媽媽；你有個超級幽默的爸爸，他們都超級超級愛你。6年來，只要

是住院的日子，他們都一起在醫院陪伴你。

曾經疑惑的問爸爸：「你們家住臺中，依病房規定，晚上只能有一位家人留下來。每次都是看到媽媽陪哲霖過夜，那你睡哪裡？」

爸爸語帶玄機的回答：「我每天都睡汽車旅館啊！」

原來爸爸所謂的汽車旅館，就是指他的廂型車。

6 年來，不管天氣多冷、多熱，爸爸都睡在他的廂型車裡。爸爸說：「一來可以省錢；二來，萬一哲霖在半夜出狀況，我可以隨時衝到病房。」

6 年來，他們對你無微不至的呵護、無怨無悔的付出、不離不棄的陪伴，讓許多 93 家長動容。

哲霖，他們眞的好愛、好愛你喔……有空記得到爸爸、媽媽，還有姊姊的夢裡，讓他們知道：你很好！也讓他們知道，上天堂的那一刻，你的腳就長回來了。

你的離去，讓我們不捨，也讓我們想念。然而，「老兵」終有光榮退伍的一天……哲霖，你已經打完，在世上美好的一仗！今後的你，可以自由自在翱翔天際，當一個無憂無慮的快樂小天使，在天堂守護著爸爸、媽媽、姊姊，還有 93 所有的戰友。

我們，很想念你；我們，好愛你。咱們，天堂見！

愛你的 Dora 媽咪

喜歡彈吉他的小綠綠——芷筠

芷筠：

還記得，第一次在93見到妳時，從北一女數理資優班畢業的妳，剛考完大學聯考，同時上師大和中央電機系，妳正爲選擇就讀哪所學校，認眞的研究資料。

妳興奮的分析兩所學校各自的特色，儘管是雞同鴨講，Dora媽咪還是認眞的、專注的聽著，一起分享妳的喜悅。

當時的妳，對未來充滿期待，對未來懷抱希望！

既使病痛纏身，即使被宣布腫瘤再次復發……然而，這一切的一切，都無法阻止妳爲自己建築遠大的夢想！那閃閃發亮的眼神，述說著：對未來蓄勢待發的妳，夢想正待起飛……

後來，妳選擇念中央大學電機系。

原部位的再次復發，讓妳疼痛不已，因爲無法開刀，妳和媽媽決定選擇放手一搏，勇闖日本，做「重粒子」治療。龐大的醫療費用，繁複的申請手續，還有，面對未知的不安和恐懼，並沒有讓媽媽退縮。

一個單親媽媽，帶著行動不便，而且必須坐輪椅的重病女兒，獨自遠赴人生地不熟的日本，進行長達一個半月的治療。想想，這需要多大的毅力，這需要多大的勇氣啊！

赴日前，我告訴媽媽：「妳就帶著芷筠放心、大膽的去吧！換作是我，我也會這樣做！哪怕，只有一絲絲的希望。」

媽媽抱著我，止不住臉上滑落的淚水。

好一對讓我敬佩、讓我不捨的母女。

然而，結束在日本的治療，抱著滿懷希望回到臺灣的妳，卻在回臺的第一次例行追蹤檢查裡，被醫生宣判癌細胞轉移肺部，而且分布太廣，連開刀的機會都沒有。

是的！老天再一次和妳開了殘忍的玩笑，腳部腫瘤得到控制，肺部卻失控了。這樣的宣判，任誰都無法接受，更何況剛考上大學、對未來充滿夢想和抱負的妳。

芷筠：「妳是如此優秀的孩子。Dora媽咪了解，對妳而言，身體的病痛不是痛，有志不能伸的痛，才是痛！不是嗎？」

離去前，曾經好長一段時間，妳把自己的心關上了。

然而，喜歡彈吉他、喜歡唱歌、喜歡音樂的妳，每次當Dora媽咪、韋廷爸媽到93演奏、演唱時，總會看到妳的身影，妳一直是我們最忠實的聽眾。也只有在音樂的陪伴下，妳才願意稍稍打開妳的心，讓所有的悲傷、所有的不甘心，化成止不住的淚水。

放下吧！孩子，相信此刻在天堂的妳，許多的「爲什麼」，已經得到了答案；許多的「不甘心」，也已經得到了釋放。放下吧！孩子，當個快樂的小天使，自由自在，翱翔天際。

別擔心媽媽，我和韋廷媽媽會常常陪伴她，約她喝下午茶，然後，一起想念我們在天上的孩子。嗯……是那種甜甜暖暖的想念。

有空，記得到媽媽的夢裡，讓她知道妳很好喔！

我們，已經開始想念妳了……咱們天堂見喔！

愛妳的Dora媽咪

令人不捨的酷帥男孩——辰辰

最愛的辰辰：

第一次見到你，是在你骨癌再度復發時。帥帥的你，眼神卻透出深深的憂傷，讓我更想關心你。因此，93每個活動，都會親自到病房邀你參加。但，你每次都笑笑的回絕了我。

北藝大的舞展，一樣不死心的邀請你。那天，你不置可否，沒說：「好或不好。」舞展那天，你突然出現在93護理站，準備和大家一起出發到北藝大。知道嗎？你的出現，讓我感動的眼淚差點掉下來。

某天早上，靖雯爸爸告訴我：「辰辰，癌細胞轉移肝臟，出現腹水現象，目前住8床。」放下電話，馬上趕到醫院看你。

躺在病床的你，眉頭深鎖，也不講話。

擔心，是不是打擾了你，告訴你：「辰辰，我想你一定很不舒服，那，Dora媽咪就不打擾你了，改天再來看你喔。」就在準備步出病房時，你伸出手，用手勢示意：到你床邊。

之後，你緊握我的手，那是你第一次握我的手。

我問你：「可以爲你禱告嗎？」

你輕輕的點頭，還拉了爸爸、媽媽的手，要他們一起禱告。

禱告後，問你：「願不願受洗，成爲基督徒？」

你竟然毫不猶豫的點頭答應。

辰辰，你知道嗎？那一刻，我有多麼感激、多麼感動！

隔天，牧師在病床爲你施洗……

之後，你一直住在第8床，因腹水的問題沒解決，無法吃、無法睡，深深折磨著你。每次去看你時，你都會主動握著我的手；有一次，握著握著，竟然睡著了，看著好不容易沉沉睡去的你，我一動也不敢動，深怕把你吵醒。而你，就這樣握著我的手，安穩的睡了將近兩個鐘頭……

媽媽說：「辰辰已經好久沒睡的如此安穩了。」

這讓我好欣慰。

從此，到病房看你，都會緊握著你的手。

看著沉沉睡去的你，也常讓我陷入回憶中。其實，Dora最後的日子，就是在第8床度過，那時，我也常緊握她的手……

看著日漸削瘦的你，讓我既心疼又擔心，常問你：「辰辰，想吃什麼？」那天，你終於回答我：「想吃螃蟹。」隔天一早，到市場買了隻大螃蟹回家清蒸。看著你津津有味的吃著螃蟹，眞是我人生一大享受。

之後，你胃口大開……我又陸陸續續準備了牛排，讓你在

病房中大快朵頤！然而，大口吃喝的日子並沒有維持多久，你又開始出現腹痛、腹瀉的問題。

知道在病房待許久的你，一定很想到外面走走。

問你：「最想去哪裡？」

你想了許久，說：「小時候，爸爸常帶我到河邊，那是我最快樂的時光。」

我說：「到河邊有困難，但 Dora 媽咪可以帶你到海邊。」

你答應了！

於是，心動不如馬上行動，決定第二天帶你去海邊，也馬上告知護理站。第二天一早，到病房找你，準備出發時，媽媽說：「辰辰發燒了……」

是的，在 93，我們常常要面對計畫永遠趕不上變化的遺憾。

之後，始終找不到機會帶你到海邊。

大家都說你很酷，不愛講話。但是，在我眼中，你不但酷，眼神中還透著不屬於16歲男孩該有的憂鬱。從媽媽口中，終於明白，你爲何老是眉頭深鎖、悶悶不樂的原因。

那天，和你深談之後，你終於放下心中重擔，在我面前痛哭失聲。那一刻，讓我好心痛，讓我好不捨，一個16歲的孩子，如何承受多年背負的深深自責。

孩子，辛苦你了，你沒有錯，你眞的沒有錯！

相信，到天堂的那一刻，弟弟會親自迎接你，並且，送給你大大的擁抱；也相信，那一刻，你一切都明白了！

是的，凡事都有上帝的祝福和美意，不是嗎？不管，我們遇到的是好事或壞事……嗯！我想，現在你懂了。

8月25日早上，接到媽媽的電話：「辰辰在急救中……」

到醫院的路上，不斷的禱告：「親愛的上帝啊！讓我見辰辰最後一面，我還有好多話要告訴他，別讓我留下遺憾。」握著方向盤的雙手，無暇擦拭滾滾而下的淚水。

趕到醫院，剛好看到顏醫師走出加護病房，她說：「辰辰一度停止心跳，經過搶救，目前又恢復心跳。」感謝上帝，垂聽我的禱告！看到你躺在床上，臉色蒼白，一動也不動。握著你的手，不禁淚如雨下。不停的對你說：「我愛你，我愛你……」突然，發覺你的手動了一下，接下來，你竟張開了眼睛。

之後，無力說話的你，用眼睛和我們對話。

其實，面對不愛說話的你，我們早已學會心靈相通，不是嗎？

辰辰，謝謝你，用盡了最後的力氣，向我們道別。這是你留給我們，最後的安慰。

你曾經告訴媽媽：「希望能當 Dora 媽咪的兒子，可是，Dora 媽咪已經失去女兒，實在不忍心讓 Dora 媽咪再次承受失去兒子的悲傷。」

傻孩子，在我心裡，你早就是我的兒子，不管在地上、天上，你永遠是我的兒子。

辰辰，你是個超級幸福的孩子。

你有個日日夜夜照顧著你，對你不離不棄、不怨不悔的媽媽。

你有個深深愛著你，卻不善於表達的爸爸。

你還有個好愛、好愛你的弟弟。那天，他握著你的手，不斷的哭泣，不斷的說：「哥哥，我愛你！」聲聲呼喚，讓我們這些大人，聽的，心都碎了……

辰辰，你已打完在世上美好的一仗，安心、快樂的和弟弟一起遨遊天際吧！

答應我，一定要當個快樂的小天使，接下來的日子，我們會很想念你。然而，想念中，我們會帶著深深的盼望……盼望終有一天，我們會在天堂，再次相聚……

是的，孩子，咱們天堂見喔！

好愛、好愛你的媽咪

熱愛舞蹈、幽默俏皮的女孩——亞諭

Dear 亞諭：

那天晚上 11 點多突然接到媽媽的電話……

媽媽：「亞諭情況很不好，可能熬不過今晚。」

Dora 媽咪：「我現在馬上過去。」

媽媽：「太晚了，妳獨自開車到中壢，又在這樣的心情下，太危險了。」

突然，一直陪伴妳的江牧師接過電話。

江牧師：「我們許多人陪著亞諭，妳不用擔心。我們會一直陪著她，直到上帝親自接手。妳就留在家裡，爲亞諭和她的家人禱告。」

電話中，Dora 媽咪不斷啜泣，雖然心裡明白，這是遲早的事，但是，當這天眞的來臨時，心裡仍萬般不捨。眞的好想好想再見妳一面……

那晚，直到凌晨 3 點多才睡著，清晨 6 點半突然醒來，看看時間還早，又繼續睡。才剛睡著，就夢到妳，夢中的妳，好眞實喔……

「Dora 媽咪坐在床邊，妳從 Dora 媽咪面前輕盈、俏皮、若無其事的走過去。當我意識到——嗯！這不是亞諭嗎？突然，妳回過頭來，對我扮鬼臉，然後，送給 Dora 媽咪，妳的招牌笑容……」

醒來，馬上打電話給江牧師，不等牧師開口，Dora 媽咪說：「牧師，我在今晨大約 6 點半左右夢到了亞諭。」

牧師說：「亞諭，就是在早上 6 點 36 分移民天堂……」

亞諭，謝謝妳，知道 Dora 媽咪一直記掛著妳，特別貼心的到 Dora 媽咪夢裡，告訴我：妳很好！也謝謝妳，讓我知道，此刻的妳，就在天堂！

還記得第一次見到妳，那時，剛從台大醫院轉到 93 病房。

走進病房，妳馬上用陽光般的燦爛笑容迎接我：「我知道妳是 Dora 媽咪，我看過妳和 Dora 的紀錄片，我和妳們一樣，也是基督徒。」之後，咱們一見如故，越聊越起勁，妳說：「我很喜歡跳舞。」說著說著，妳甚至下床要劈腿給我看！當然，馬上被我阻止了。然而，妳的喜樂，妳的無懼，讓我印象深刻，讓我有種似曾相識的感覺。

因爲治療狀況不是很順利，醫生決定放手一搏，爲妳做自體骨髓移植。那天到隔離室看妳，把在家裡準備的三張A4紙，在護理長協助之下，貼在隔離室的窗户上，紙上寫著大大的六個字——「信心、交託、順服」。

Dora媽咪隔著窗户爲妳禱告……那次，上帝爸爸帶著妳，度過移植的重重難關；帶著妳，安然到達彼岸。

妳和Dora一樣，就算在病痛中，仍然沒有動搖過對上帝爸爸無與倫比的信心！妳們都是上帝爸爸眼中「信心的勇士、順服的巨人」。

那天，藝術大學舞蹈系的學生特別爲93的孩子演出。Dora媽咪馬上想到，熱愛舞蹈的妳，絕不能錯過這場演出。結束移植，回到家中休養的妳，因家住中壢，看完表演已經很晚了。那晚，妳住我家，我們聊得很多，聊得很深……讓我訝異，一個17歲的女孩，心裡卻住著充滿智慧的老靈魂。

這，又讓我有似曾相識的感覺……

後來，妳聚會的石門教會，邀請Dora媽咪到教會，分享我和Dora的生命見證。那天，我們一起站在臺上，一起爲主做見證。Dora 媽咪聽著妳的見證分享，感動得熱淚盈眶。

沒多久，再次在93遇見妳。才知道，妳再次復發。然而，這次的復發，一開始就被醫生宣判——已經沒有任何治癒的機會。當我跪在妳的病床前爲妳禱告時，幾乎泣不成聲，好長一段時間，只能用哭泣代替禱告。看到妳無助的眼神，Dora 媽咪心都碎了，我說：「亞諭，原諒 Dora 媽咪無法安慰妳，因爲，我連自己都安慰不了自己。如今我能做的，就是每天爲妳禱告！」

消沉的日子沒維持多久，妳又恢復了幽默、俏皮的本性。然而，癌細胞轉移骨頭多處的疼痛，常常折磨著妳，讓你哀號不斷。那時住在妳的隔壁的小緹——一個年紀和妳一樣，症狀也幾乎和妳一樣的女孩。僅有一牆之隔的妳們，疼痛一樣啃噬著你們的骨頭。

妳告訴我：「每次我疼痛時，就會爲隔壁的小緹禱告，因爲我知道，她和我一樣痛。」

那時，Dora 媽咪也常常去看小緹，爲她禱告。有一天，我把妳爲她禱告的事告訴她，她很驚訝：「亞諭自己不是也很痛，她爲什麼還要爲我禱告？」我說：「就是因爲她很痛，所以才知道妳有多痛。」

不久，小緹決定受洗，和妳一樣成爲基督徒。雖然小緹在幾年前就曾接觸過信仰，但我相信，是妳讓小緹下定決心接受信仰，走入信仰。

亞諭，就算痛楚難當，就算生命已經走到盡頭，妳仍用僅剩的日子，努力的傳福音，努力的用行爲，爲上帝爸爸做見證！這又讓我有似曾相識的感覺……

小緹受洗那天，看得出來妳的興奮和感動，妳告訴 Dora 媽咪：「好想參加小緹的受洗儀式，可是我連輪椅都無法坐，怎麼過去她那裡？」

Dora 媽咪說：「沒關係，我們幫妳把整張床推到小緹的房間。」

因爲病房很小，我們許多人費了好些功夫，終於把妳和小緹的床併在一起。兩個一樣 17 歲的女孩，手牽著手，在即將邁向生命終點時，爲彼此獻上最深最深的祝福，那一刻，讓在場所有的人動容……

亞諭，相信此刻，妳和小緹一定也是手牽著手遊歷天堂。

當妳疼痛哀號時，媽媽無助的問我：「怎麼辦？難道要讓亞諭如此無止無盡的痛下去嗎？」媽媽的恐懼，Dora 媽咪感同身受。就像當時 Dora 疼痛哀號時，我不斷呼求上帝：「可不可以停止女兒的疼痛……」甚至，懇求上帝：「趕快把女兒接走吧！」

是的，我們可以接受女兒的離去，卻無法承受她的痛……

就在這時候，上帝爸爸派了三個守護天使來到妳的身邊……

「江牧師，幾乎每天從中壢到 93 病房陪伴妳，他就像妳的父親一樣，然而，他也是妳的心靈導師。他在妳面對生命的最後階段，撫慰妳的心靈，堅定妳的信仰。」

「鄭伯伯，正當妳疼痛難耐，任何止痛藥都無法止住妳的疼痛時，上帝爸爸透過江牧師，把鄭伯伯帶到妳面前，因爲他特殊的按摩療法，竟然奇蹟似的將妳的痛止住，到最後，甚至不需借助嗎啡，這件事讓許多醫護人員嘖嘖稱奇。」

「明立爸爸，是從小就一路陪伴妳、照顧妳、對妳疼愛有加、視如己出的乾爹。也因爲他，妳認識了上帝爸爸。」

亞諭，妳是個何其有幸的孩子，上帝爸爸何其的愛妳。在妳成長過程中，上帝爸爸一直差派好多天使、天軍在妳的四周圍守護妳、帶領妳，直到生命的盡頭……

那天，到平安園想念 Dora 和其他的孩子們……妳和小提也選擇安葬在這裡，妳們還眞是好姊妹，生前在 93 是鄰居，在平安園妳們也是鄰居。那天，在妳們的墓前駐足許久，眞的很想念妳們，嗯……是那種甜甜暖暖的想念。

一直有個畫面——Dora 帶著小緹親自迎接妳，三個年紀相仿的女孩，重聚天堂，高興的又叫又跳……

知道嗎？Dora 話不多，但是她最喜歡話多，又有點「俏皮、三八」的朋友。

好了，不吵妳了，剛到天堂，又喜歡交朋友的妳，此刻一定很忙，對不對？交代妳的事情，慢慢來沒關係。因爲看似溫柔文靜的 Dora，其實很難搞喔！她啊，和妳一樣有個性！哈哈！妳們有很長的時間可以互相了解，彼此切磋。

很羨慕在天堂的妳們，Dora 媽咪也好嚮往天堂喔！

等我完成在地上的功課，咱們就天堂見囉！

愛妳！記得把我的愛，帶到天堂……

Dora 媽咪

PART 5
嗨！最愛的小寶貝

第一章

寫給 Dora

Dear 小寶貝：

謝謝妳留下許多愛與勇氣的故事，讓媽咪數說不盡……

是的，上帝不會讓我們白白經歷苦難，上帝也一定不會讓我們白白受苦，苦難的背後，一定有它存在的價值和意義！

而今，媽咪只相信——我們所承受的一切，都有個好理由。每個傷痛都有目的，每個悲劇都有答案，媽咪不想問：「為什麼？」

讓媽咪繼續前進的是——愛、信仰和盼望！

寶貝，謝謝妳改變媽咪的生命

Dora 寶貝：

好快喔！妳移民天堂已經兩年了。

今天，媽咪到平安園，想妳……陽光普照的山下，到了山上寒風瑟瑟，竟飄起雨來。墓園空無一人，媽咪可以盡情的想妳、盡情的哭泣。對妳的思念，並沒有因爲時間而減輕，甚至有增無減……

兩年前，妳火化後，媽咪親手把妳的骨灰放到骨灰罈裡，那一刻，媽咪的生命彷彿也化爲灰燼。在平安園，看著妳的骨灰罈被深埋在土裡，那一刻，媽咪的生命彷彿也被埋葬了……然而，媽咪沒有淹死在自己的眼淚裡，媽咪也沒有失去愛的能力。上帝爸爸讓媽咪在灰燼中，找到了重生的翅膀！

重生，讓媽咪學習到——媽咪有更多的愛要付出、更堅定的信仰要實踐。重生，讓媽咪成長茁壯，讓媽咪充滿智慧。

但，Dora 寶貝，媽咪這段路走來，一點也不輕鬆……

兩年後的今天，媽咪期待自己成爲更仁慈、更寬厚、更謙

虛、更有生命力的人。如果有一樣東西影響了媽咪的生命、改變了媽咪的生命，那就是——妳的生命。

謝謝妳，面對生命的態度，讓媽咪數說不盡；而妳，留下來許多愛與勇氣的故事，至今，成爲許多人的幫助和祝福；甚至，成爲他們繼續往前的動力。孩子，媽咪以妳爲榮！

媽咪仍東奔西跑到處演講，監獄、看守所、醫院、學校、教會、企業……如果說，一場演講可以改變一個人的生命，媽咪又有什麼理由停下腳步？是的，媽咪不會停下腳步，直到咱們母女再次相聚的那天……

曾經有人問媽咪：「是什麼帶著妳和Dora度過重重難關？」

很簡單，愛、信仰和盼望！

愛，讓不可能成爲可能；愛，讓軟弱成爲剛強；愛，帶著咱們母女倆，度過重重難關，不是嗎？然而，信仰，讓我們有盼望；信仰，讓妳知道，離去不是結束，而是，更美好的開始；

信仰，讓媽咪知道，終有一天，我們會在天堂再度聚首……

這是媽咪最深的企盼、最大的安慰。

寶貝，今夜能到媽咪的夢裡嗎？

好愛、好愛妳的媽咪

Dora 寶貝，和媽咪一起夢想起飛！

媽咪最愛的小寶貝：

還記得小時候的妳，很喜歡按電梯，每次進電梯，總是搶著按電梯按鈕。有一天，妳很慎重的告訴媽咪：「媽咪，將來長大，我要當電梯小姐！」

那年，妳 4 歲……

那天，妳陪媽咪丟垃圾，因爲太晚出門，走到巷口，看著垃圾車揚塵而去，媽咪仍不死心的追著垃圾車，最後，垃圾還是沒丟成。

回到家，妳看著媽咪，很慎重的告訴媽咪：「媽咪，將來長大，我要開垃圾車！而且，我一定會等妳丟完垃圾，再把車開走。」

那年，妳 5 歲……

念基督教美國學校時，有一堂課，老師要你們打扮成：長大後想從事行業的裝扮。妳要媽咪幫妳打扮成「董事長」的樣子，妳說：「媽咪，我將來要當一個成功的董事長，賺很多錢，

幫助許多人……」

那天，媽咪幫妳穿西裝、打領帶，還戴了一副沒有度數的眼鏡。妳，煞有其事的提著公事包，上學去。

那年，妳 9 歲……

後來，妳生病了，雖時時刻刻面對死亡的威脅，然而，「夢想」卻從來沒有停止。妳活的更積極、更努力，小小年紀，因爲病痛，學會了「活在當下」。認識了黑人哥哥之後，宣揚 Love Life 的精神和態度，成爲妳的夢想。

那年，妳 13 歲……

歷經 33 次化療，因爲癌細胞轉移，而摘除腎臟之後，醫生親自告訴妳：「妳的身體再也無法承受任何化療……」咱們母女倆，又再一次經歷走投無路的境況。

然而，就在那時候，美國有一個針對骨癌病童的標靶治療臨床實驗，醫生問我們：「願不願意參加？」當時，媽咪非常猶豫，畢竟是實驗，所有未知的後果，我們都必須自己承擔。

就在媽咪猶豫不決，是否該簽下同意書時，妳拿走了媽咪手中握著的筆，用堅定無懼的眼神，看著媽咪說：「媽咪，讓我自己簽吧！如果實驗成功，可以造福人群；如果實驗失敗，可以到天堂見上帝爸爸，這兩個結果都很好，所以，不要擔心。」

妳，成爲亞洲第一個參加標靶治療的骨癌病童。

那年，妳 14 歲……

10 個月之後，在一次追蹤檢查中，發現妳的癌細胞轉移到骨頭多處；自此，標靶治療宣告失敗！當醫生親自對妳宣布：存活率是零的時候……妳，仍用堅定無懼的眼神看著媽咪，說：「媽咪，帶我回家吧！我決定，一路玩到掛！」

妳離去前一個月，黑人哥哥帶著妳和奕華，到北京領 Love Life 公益獎章。當時，必須靠嗎啡止痛的妳，在北京舞臺上，完成人生最後一場演奏會。回臺不久，妳再次住院，也是最後一次……

一向不喜歡面對鏡頭的妳，竟主動要求黑人哥哥帶攝影機到病房拍妳，黑人哥哥問妳：「爲什麼？」妳說：「我想幫助更多人。」

面對生命的盡頭，妳仍堅持最後的夢想——用愛改變世界！離去前，一再叮嚀媽咪和黑人哥哥：「繼續用愛改變世界。」

那年，妳 15 歲……

曾經，媽咪也有許多夢想，儘管在跌跌撞撞的成長過程中，媽咪仍努力堅持夢想，努力實現夢想。有了妳之後，媽咪和許多父母一樣，把人生大半的夢想建築在孩子的身上，媽咪所有的生涯規畫中，總和妳脫不了關係。

媽咪承認，母愛是偉大的；然而，母愛也是自私的。

許多媽媽把生命中大部分的夢想、希望、期許……寄託在自己孩子的身上。因而，有些媽媽在孩子離去後，失去了愛的能力；甚至，失去了活下去的動力。

雖然，抗癌的路上，我們從不畏懼面對每一次的戰役；然而，媽咪心裡最大的恐懼，是當妳一次又一次復發時，妳是否仍能持守盼望、心存喜樂？顯然，媽咪是多慮了，抗癌近 5 年，笑容，始終沒自妳的臉上消失；盼望，始終沒因生命的不確定而止息……

離去的那天，妳把盼望帶到天堂，也把盼望留給媽咪。因爲妳的愛和勇氣，因爲上帝爸爸不變的應許，讓媽咪找到生命的價值和意義！也讓媽咪決定，將人生下半場的夢想，建築在別人的需要中。

在妳移民天堂的那一刻，「用愛改變世界」成爲咱們母女倆共同的夢想！

在妳移民天堂的第四年，媽咪，把妳的生命故事，帶回妳的出生地——美國。自此，咱們「用愛改變世界」的夢想，在上帝爸爸恩典滿滿的帶領下，又往前跨了一大步！

1 月 17 日仍是讓媽咪心痛的日子……然而，媽咪沒有忘記妳離去前的交代：「媽咪，別在我的墓前哭泣，因爲，我已經不在那裡了。」

小寶貝：媽咪答應妳，不再用眼淚紀念妳。

今年，媽咪將帶著我們共同的夢想，繼續勇往直前！

愛妳的媽咪

生命中的美好缺憾

嗨！媽咪最愛的Dora寶貝：

今晨，媽咪去看早場電影《生命中的美好缺憾》。電影帶著媽咪，回到和妳並肩作戰的日子。看電影的過程，媽咪一直想到妳，想到93的孩子……影片很寫實，不矯情、不做作，也因此，媽咪哭到鼻塞。

是啊！人的一生，總會面對許多缺憾。是否，能讓缺憾成爲美好，那就必須取決於，我們面對生命的態度和方式，不是嗎？

片中的奧古斯都，也是罹患骨癌的孩子，他的個性和妳有許多共同點——擁有陽光般燦爛的笑容；既使面對許多失去，仍然肯定生命中簡單的喜悅。片中，輕輕的談論死亡，淡淡的描述愛情；然而，卻是輕的如此深刻，淡的如此讓人心痛。

女主角海瑟、男主角奧古斯都，都是罹癌的16、17歲青少年。他們，儘管在隨時可能畫下句點的生命中相遇，卻緊抓住有限的生命，努力的愛、用力的愛！讓彼此不完美的生命，因爲「愛」的碰撞，而迸發出璀璨的光芒。

這讓媽咪想到妳……

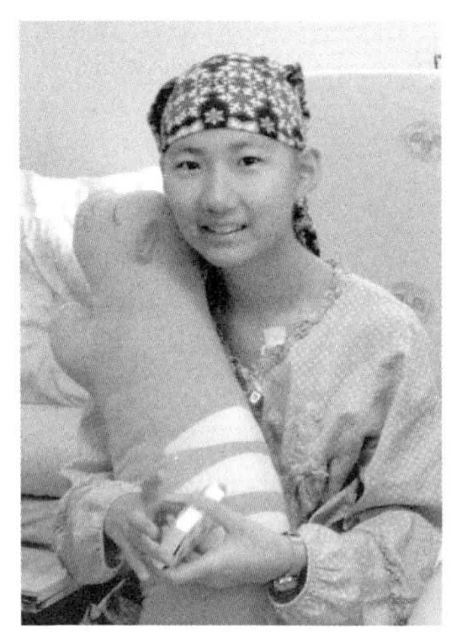

5 年抗癌過程中，妳從小女孩蛻變成爲亭亭玉立的少女。媽咪也曾經幻想，長大後的妳，會愛上怎樣的男孩？怎樣的男孩會愛上妳？被稱爲「氣質美女」的妳，一定不乏許多追求者……然而，15 歲就移民天堂的妳，卻不曾，也來不及品嘗戀愛的滋味。

片中女主角海瑟，再一次徘徊生死邊緣時，決定離開奧古斯都，因爲她不希望奧古斯都承受失去她的痛。

這讓媽咪再次想到妳……

面對第五次復發，也是最後一次。我們再次回到醫院，因爲無法再打任何化療，妳決定參與標靶治療的實驗。那時 93 時常安排不到床位，所以大部分時間，我們都住在 92。

多年的治療，在 93，妳的朋友越來越少。認識的好友，或是一個個移民天堂，或是一個個回學校繼續念書……92 住的都是小小孩，在那裡，妳一個朋友也沒有。

媽咪問你：「想不想回 93 找朋友？」

你想了很久，回答媽咪：「想不出在 93 還有哪些認識的朋友？」

媽咪說：「你可以認識新朋友啊！」

妳淺淺的笑，輕輕的說：「不了！媽咪，我不想再認識新朋友了，免得我離去時，他們還要承受失去我的悲傷……」

孩子，妳的回答，讓媽咪心碎；妳的體貼，讓媽咪心痛！

是啊！生命中，總會有缺憾，但妳卻不曾為短暫的生命，留下任何遺憾，不是嗎？失去妳，是媽咪一生中最大的缺憾；然而，擁有你，卻讓媽咪的生命沒有遺憾。也唯有經歷過，我們才能說：「沒有痛苦，如何能了解喜悅？沒有缺憾，如何能體會美好？」不是嗎？

好愛、好愛妳的媽咪

曠野中的盼望……

Dora 小寶貝：

每年妳的生日、妳的忌日，媽咪都會寫信給妳。

然而，10月8日妳的生日，媽咪卻直到現在才提筆。抱歉，讓妳久等了，因爲整個10月，媽咪共有17場演講。

嗯！媽咪知道妳不介意，因爲，天堂沒有歲月……

媽咪，沒有在這個日子到墓園想念妳，媽咪10月8日在臺中華盛頓中學，面對1000多個孩子演講，這是媽咪送給妳的生日禮物。

那天謝牧師的講道——「曠野中的盼望」，媽咪聽了很有感觸，也非常感動！

自妳離去之後，媽咪就好像被丟到礦野中。在曠野中，媽咪一無所有、頓失方向。曾經有一段時間，媽咪非常失落，不知何去何從？人生，突然失去目標。

媽咪，曾經是個「戰士」——年輕的時後，爲自己的夢想奮戰；有了妳之後，爲妳的未來奮戰；在妳生病之後，爲妳的生命奮戰！

是的，媽咪就像個鬥士，一個一直待在戰場上的鬥士。

聯合報

「請你們幫我好好活著，好嗎？」

Dora抗癌

我是資優生 15歲上天堂

然而，在妳離去之後，媽咪突然不知為何而戰！

多年來，妳和媽咪，一起在戰場上並肩作戰。妳，是媽咪最親密的戰友！而今，妳打完在世上美好的一仗，光榮退伍！然而，在戰場上待了太久的媽咪，卻不知如何退出戰場？長期的打仗，讓媽咪筋疲力盡，但是，當媽咪試著退出戰場時，竟然已經忘了如何回到現實世界！

或許，媽咪害怕離開戰場，更害怕面對久違的世界。無所適從的茫然，曾經讓媽咪好惶恐……

是的，媽咪，在曠野中迷路了！

然而，就在這時候，上帝爸爸用力拉了媽咪一把……祂，為媽咪在曠野中開了道路！可是，這條道路，不是康莊大道，它仍滿著崎嶇與不平，卻也多了恩典與盼望！

媽咪仍時常回到93，陪伴在戰場上的孩子，和他們一起並肩作戰。在93，一個個早逝的年輕生命，時時刻刻提醒媽咪——要同時成為驍勇善戰的士兵和懂得擁抱世界的美好的人。

而今，媽咪也終於明白，上帝爸爸為何在一開始，把媽咪放在監獄中……那是曠野中的曠野！在受刑人留下懺悔的眼淚時，媽咪看到愛和信仰的無所不能，更堅定了媽咪的信念和勇氣！

而今，媽咪仍留在戰場中，為愛和信仰而戰！

是的！在妳，愛的陪伴，以及上帝爸爸恩典的帶領下，媽咪不再孤軍奮戰！

將近4年，沒有妳陪伴的日子，媽咪，仍時時刻刻想念妳。能讓媽咪承受一切悲傷的是，媽咪知道，我們會再相聚！250場演講、著手寫第二本書……是媽咪想念妳的方式。因為，媽咪深信，任何苦難的背後，都有它存在的價值和意義！媽咪，不能讓你我，白白經歷苦難，不是嗎？

本來，人生就是一個階段、一個階段的延續，我們都不知道，我們的人生，會在哪個階段畫下句點？

謝謝妳，用生命，提醒媽咪：「人生，很難畫下『完美』的句點。然而，在不完美的人生中，我們唯一能掌握的是——在歷經人生的每個階段時，都要能不怨不悔；都要能沒有遺憾……不是嗎？」

小寶貝，雖然天堂沒有歲月，媽咪還是祝妳～

生日快樂！

愛妳的媽咪

我們天堂見！

媽咪知道，妳一直很喜歡《納尼亞傳奇》這七本書。

離去前，妳把這七本書送給媽咪，並且在每本書簽名。簽到最後一本，妳說：「媽咪，妳不要看我寫什麼？等我離開，妳再看。」

在妳離去後，媽咪打開看。

妳在書的最後一頁，寫：「To Mom : See you in Narnia!」

「媽咪，我們天堂見！」

寫完這幾個字，妳的頭部突然開始劇烈疼痛……那時，癌細胞已經轉移到妳的腦部，甚至開始攻擊妳的眼睛，其實在寫這幾個字時，妳的視力已經很模糊了。媽咪問妳：「妳那麼痛，我們請醫生幫妳打麻醉，讓妳好好睡。然後，媽咪就不再把妳叫醒，因為，妳醒來全身都痛。」

妳答應了。

打針前，妳告訴媽咪最後一句話：「媽咪，妳要繼續用『愛』改變世界。」

之後，妳就沉沉睡去……

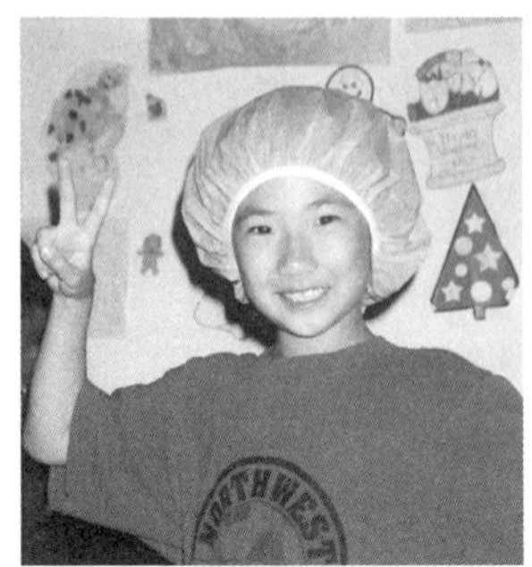

41103 會錄2741

A22 | 南灣　　世界日報　　worldjournal.com
2016年9月16日 星期五 FRIDAY, SEPTEMBER 16, 2016

「媽咪，你要繼續用愛改變世界」

生在美國、長在台灣的Dora 癌逝前不忘鼓勵媽媽 蘇惠娟將來灣區傳遞愛的力量

蘇惠娟(右)與Dora的感情很好，愛女走後成立協會關懷兒童安寧問題。（圖／蘇惠娟提供）

記者李榮／灣區報導

「『告別』需要很大很大的勇氣，『放手』需要很深很深的愛。」原在國立台灣交響樂團擔任大提琴手的蘇惠娟，在家中是個平凡的母親。遭到女兒Dora罹患骨癌，經歷五年煎熬，愛女依然走了。蘇惠娟收起淚水，巡演演講佈道，傳遞愛與正面力量。她將於9月底到灣區，在倍恩姊妹特會分享「Dora給我們的生命禮物」。

……

倍恩姊妹特會活動時間：9月30日晚上6時至10時，10月1日9時至下午5時30分。地點：Crowne Plaza（777 Bellew Drive Milpitas）。詳情：www.double-portion.org，408-422-2335。

兩天之後，妳在媽咪的懷中……移民天堂。

寶貝女兒，在妳離去之後，媽咪漸漸明白，任何苦難的背後，一定有它存在的價值和意義！媽咪一定不會讓妳我白白受苦！在妳離去4年後的今天，媽咪仍會繼續的、努力的、用力的……用「愛」改變世界！

直到……See you in Narnia ！

愛妳的媽咪

＊註：《納尼亞傳奇》是一套7冊的奇幻兒童文學。

化苦難的生命，爲猛烈的恩典！

Dora 小寶貝：

好快喔！妳移民天堂至今已經 5 年了……

不管媽咪再怎麼堅強，再怎麼勇敢，面對妳的生日，面對妳離去的日子，媽咪還是很感傷。

在妳治療將近 5 年的過程中，媽咪常常在禱告中跟上帝爸爸討價還價。得知妳癌細胞轉移肺部那天開始，媽咪每天的禱告中，總不忘提醒上帝爸爸：「如果祢把女兒接走，請祢也把我一起接走，因爲沒有她，我活不下去……」這樣的禱告持續了 3 年……

後來，妳因爲癌細胞轉移腎臟，摘除腎臟之後，無法再打任何化療，於是，妳決定接受當時的標靶治療實驗。結果，一年之後實驗宣告失敗，妳兵敗如山倒，癌細胞轉移到身上骨頭多處……爲了不再讓妳受苦，我們決定停止任何積極性的治療。

當媽咪把這決定告訴洪醫師時，心裡充滿恐懼和罪惡感。然而，也因爲洪醫師的一句話，讓媽咪許多的不安得到支持和安慰，她說：「妳要相信，當媽媽的直覺。」而決定不再做治療的妳，卻只淡定、篤定的告訴媽咪：「媽咪，帶我回家吧！我決定『一路玩到掛』！」

從那時開始，媽咪常常做同樣的夢，夢境是這樣的：

沒有星星的夜空中，站在屋頂上，心裡有點害怕，因為屋頂很斜，而且，不知下面有多深，一片漆黑……

於是，試著揮動雙手，竟然開始騰空往上飛。

越飛越高……心情是愉悅的、充滿驚喜的。原來，我會飛啊！就這樣自由自在翱翔天際，可以感覺到風微微的輕撫臉頰，好舒服喔！

但是，突然，前面的天空中出現了許多交錯的電線……這讓我有點緊張，害怕被電線絆住。這時，只有兩條路：飛下去或飛更高，如此才能避開錯綜複雜的電線。

於是，選擇後者（好不容易能飛到天空，為什麼要下去呢）。開始，更用力的揮動雙手，高速衝向更高的天空！

往上……往上……拚命往上……當覺得夠了，應該夠高了！於是，停止揮動雙手，停留在高空中，好高、好高……這時，往下看，發覺自己真的飛得太高了，高到找不到自己的房子。下面的房子，變成一棟棟的黑影；房子，沒有透出光線，於是，開始緊張了，在高空中搜尋住處……

然而，即使如此，仍不願降低高度，也不願飛下去。久而久之，緊張消失了，甚至忘了要尋找房子。再次享受飛翔的愉悅，就這樣一直飛、一直飛……在沒有星星的夜空中……

這樣的夢境，持續了 4 年多……媽咪經常在夢裡，獨自翱翔在黑夜的天空。直到前陣子，媽咪去天主教懷仁上「讀夢」團體課程之後，媽咪的夢境又多加了一個小片段：

仍在飛翔（天是亮的），下面有一扇好大、好大，關著的木門。只有門，房子不見了，門上有圓圓的手把……

***** ***** *****

知道妳即將離去，媽咪告訴專程從美國趕回來的大阿姨：「Dora 離去之後，我將遠走他鄉，到印度德雷莎修女成立的垂死之家服務……因爲失去 Dora 太痛了，我要到更痛的地方，才能承受失去女兒的痛。」

然而，上帝爸爸在媽咪身上的計畫並不是如此。

妳離去之後，媽咪不再回學校，也不再教大提琴。媽咪寫書、演講、當醫院和監獄的志工、主持全球網播「93 奇蹟」的節目……這些事情，對媽咪來說是全新的經驗；而，媽咪做的每一件事，都與妳有關。因爲妳，媽咪對生命有了全新的詮釋和豁然；因爲妳，媽咪整個生命被翻轉。

然而，就像那夢境一樣，媽咪仍常常獨自翱翔在黑夜的天空，不願回到地面。就像在戰場待了許久的老兵，無法也不願走出戰場一樣。

妳離去的那一夜，媽咪部分的生命也畫下了休止符，沒有任何人或事，能填補失去妳之後在媽咪心中留下的空缺。然而，這空缺，卻也成爲咱們母女天堂和塵世之間的連結。

有時，媽咪覺得活得很不眞實，雖然生活在塵世中，卻常常覺得格格不入，無法融入；雖然生活在塵世中，媽咪的心，卻常常與妳翱翔天際……媽咪害怕回到塵世，害怕飛下去，從此無法再回到天空自由翱翔。

然而，夢中那扇木門深深吸引著媽咪，媽咪很好奇，木門後面會是什麼樣的風景？會不會打開木門，就好像打開了潘朵拉的盒子，讓媽咪無法招架？

就在猶豫之間，上帝爸爸再次給媽咪下「猛藥」，這猛藥，就是讓媽咪再次經歷重大挫折！上帝爸爸眞是太了解媽咪了，「越挫越勇」是上帝爸爸賜給媽咪與生俱來的特質。同樣的，這次的挫折也沒有打倒媽咪，卻讓媽咪有了願意飛下來的勇氣！

上完「讀夢」團體課程後，淑媛老師寫了一封好長的信給媽咪，其中一段話，道盡媽咪深藏心中的「眞實」，讓媽咪止不住臉上滑落的淚水。淚水中，有被了解的喜悅和心酸……

惠娟：

我重新回頭讀妳的夢……

站在傾斜屋頂的妳，一片漆黑，不知下面有多深？妳選擇往上飛，妳能飛，原本的妳就在飛……飛出國三那年被老師壓迫、體罰、羞辱的夢魘；飛翔在跳躍音符裡；飛翔至異國天空；飛翔在深深的愛裡……妳原始的生命力就是這麼強，強韌、堅定又有張力！

飛翔讓妳平靜，讓妳看見自身的力量，如妳靜靜寫作、專注拉琴、全心全意愛身邊陷入困境中的人，我敬佩妳的飛翔能力，我相信很多人都與我一樣仰望在天空飛的妳。

妳愛 Dora，那深不見底的愛。Dora 走了，妳將對 Dora 滿滿的愛，以 Dora 之名，散播給需要的人，溫暖撫慰悲傷失落的人，全心全意的付出，毫不保留的奉獻。一方面，妳感覺到 Dora 實際上還是繼續活著，活在妳的文字裡，活在妳演講中，活在妳的投影片裡，活在他人的生命經驗中……

一方面，在全神貫注的過程中，在被眾人需要的世界裡，妳幾乎能忘我，忘記自己的存在。

然而，當妳的身體終於必須閉上眼睛休息時，終於必須關掉意識睡覺時，另一個被妳擱置在一旁的自己，才有機會悄悄出現，告訴妳：其實內心深處有一部分的妳，還在黑夜裡；妳在天上飛，其實妳是孤獨一人的，妳已經不知道自己的家在哪裡了，也不太在乎一定要有個家了……

苦難的生命，可以化為猛烈的恩典！當生命把不想接受的事實，帶到面前，或奪去最珍貴的寶貝時，是否，有破碎重生的勇氣？！

是的！媽咪已經準備飛下去了！雖然，有點害怕、有點猶豫、有點眷戀、有點不甘心、有點…… 但是，媽咪告訴自己，一定要飛下去，唯有飛下去，才能得到眞正的自由；唯有飛下

去，才能親自打開那扇木門……木門很大、很重，但是，媽咪知道會有許多人幫助媽咪，而妳也會，不是嗎？

小寶貝，媽咪將再一次裝備自己，再一次整裝出發。期盼有一天，媽咪能天上、人間來去自如。

祝福媽咪，也幫媽咪加油喔！

愛妳至深的媽咪

人生必須勇於冒險！

小寶貝：

有件事情媽咪一直沒告訴妳，也沒告訴任何人。就是在妳離去的第三年，妳最愛的表哥恩恩也得了癌症。這件事情帶給家人很大的震驚，但是我們並沒有因此被擊倒，這一切都是因爲妳！

如今回首，讓我們不得不相信，一切過程都有上帝的眷顧，妳的守護……

2013 年的母親節，哥哥回家幫大阿姨慶祝母親節，因爲路途遙遠，大阿姨勸哥哥只要在電話中遙祝母親節快樂就可以，貼心的哥哥還是在那天晚上回到家。當大阿姨打開門迎接哥哥時不禁嚇了一大跳，因爲出現在眼前，原本帥氣的兒子，全身竟然腫的像卡通人物一樣。原本以爲是過敏造成，但是吃了抗過敏藥，腫不但沒有消退，甚至開始影響呼吸。情急之下，大阿姨趕緊帶哥哥到醫院掛急診。報告出來，醫生神色凝重的宣布哥哥得了癌症，也說，幸好他們及時到醫院，要不然哥哥絕對活不過那天晚上，因爲壓迫到心臟血管的腫瘤隨時會讓哥哥致命。

隔天，大阿姨從美國打電話告訴媽咪哥哥罹癌的消息。語氣中沒有驚慌、沒有失措，有的是破釜沉舟的勇氣。大阿姨說：「經過一夜的沉澱，我們已經準備好要上戰場了……恩恩一點也不害怕，因爲他有一個在天堂的表妹會帶領他馳騁戰場！」

哥哥說：「我有一個如此勇敢的表妹，我怎麼可以不勇敢！」從那天開始，妳和哥哥的生命有了深刻的連結……

生病的那五年，大阿姨、恩恩、佑佑哥哥，每年暑假都會特地從西雅圖到台灣陪妳。剛發病的那年，他們在返台的路上一直忐忑不安，擔心看到妳時，要如何面對妳？如何安慰妳？

沒想到，在他們踏進病房的那一刻，就聽到妳愉悅的聲音，大聲的跟他們說：「嗨！」同時，張開雙臂送給他們大大的擁抱……是的，妳仍是他們那幽默、愛笑又善解人意的表妹。談笑風生中，妳面對治療沉著的勇氣、坦然無懼的態度，讓他們驚嘆連連！

哥哥說：「治療期間，一直想到Dora，感覺她一直陪伴在身邊，每天、每天……尤其面對化療痛苦難當時，我常常依稀彷彿聽到她在我耳邊不斷的說：『哥哥，加油！』是的，在治療一年多的時間裡，她時時刻刻帶領我的心——在我沮喪，心情盪到谷底時，她時時刻刻帶領我的腳步，披荊斬棘的一步一步向前走………不管未來如何？我知道我不寂寞，因爲我的

小表妹將不離不棄的陪伴我每一天。雖然看不見她，但我們的心卻從來沒有如此接近過。Dora，我的小表妹是我的英雄，也是我生命中的導師！」

2014 年媽咪受邀到美國演講，那時哥哥的治療進入最後放療階段。貼心的哥哥不忍讓大阿姨在西雅圖、奧林匹亞兩地來回奔波，溜滑板技術精湛的他，竟然就獨自溜著滑板到醫院做放療，醫護人員看到都嚇了一跳，覺得不可思議。也因此，哥哥在西雅圖癌症治療中心頗富聲名。

哥哥常常把妳抗癌的英勇事蹟分享給醫護人員還有和他

一起治療的病患。哥哥說：「每當提起Dora，我都會感到很驕傲，覺得與有榮焉。」

結束療程的哥哥，很積極的念書、找工作。但是，除了大環境的不景氣，也因爲曾經罹癌的紀錄，導致求職之路一直不順遂。然而一次次的被拒，並沒有澆熄哥哥的鬥志，反而讓他更努力的爭取。不屈不撓中，哥哥在今年初終於得到了他夢寐以求的工作。

前陣子媽咪看了一部電影《星際過客》，心裡很有感觸，不禁想和妳分享……

故事中的女主角是位作家，同爲作家的父親告訴她：「人生平淡，只能寫出平淡的故事。人生必須勇於冒險，才能譜出精采……」

年輕時的媽咪，自學校畢業就考進「省立臺灣交響樂團」（之後改名爲「國立臺灣交響樂團」）擔任大提琴手。樂團採公務人員制，就是一旦考進樂團，就可以「老死省交」，這是當時團員的自嘲，可是這四個字，卻讓媽咪毛骨悚然。雖然媽咪很喜歡交響樂團的工作，但是想到年紀輕輕就預見20幾年的未來，實在不甘心讓自己就在如此既定的規畫中，度過人生最精華的階段。

於是，3年後媽咪存夠了錢，毅然決然辭掉了樂團的工作到維也納繼續進修……

人生要勇於冒險，並且爲每一次的冒險全力以赴，否則就不算眞正活過，這是媽咪的信念！雖然，每一次的冒險都讓媽咪吃盡苦頭，但是媽咪從不讓自己退縮、後悔。媽咪的一生，一直在冒險，一直在面對改變，每個改變都是挑戰，每個挑戰都帶來生命的另一個突破。儘管艱辛，但是，每個冒險旅程，卻也讓媽咪驚喜連連。

和妳一起並肩作戰，是媽咪一生中最精采絕倫、刻骨銘心的冒險！雖然是個大意外，雖然完全不在媽咪的冒險計畫中，過程縱然驚心動魄、滿了驚險，卻也滿了驚喜。

與妳攜手的這段冒險旅程，雖然短暫，卻足夠讓媽咪回味一輩子……

有時候，我們太執著於過去，太寄望於未來，卻錯過了當下的美好。

妳和哥哥都是勇於冒險的勇士，苦難讓你們學會把握當下，也因此你們爲自己寫下了精采的故事。就像《星際過客》的片名一樣，在這世上，每個人都是過客，每個人都不會久留，每個人的生命都沒有永遠的駐足，就算百歲人瑞，當他回首一生時，還是覺得時光飛逝，匆匆一生……我們的生命，最終，都必須邁向「死亡」。

陪伴癌末孩子的多年，媽咪有個確據，就是──「死亡」不是結束，而是通往另一個冒險旅程的開始……

去年，媽咪寫了封信給妳，信的結尾說：「媽咪決定飛下去了。」

是的，媽咪眞的飛下來成立了「生命無懼關懷協會」，希望藉由協會的成立更實質幫助癌末的孩子。如果，妳的罹癌是無可避免的命定，那推動「兒童安寧」絕對是妳用短暫的生命留給媽咪的使命。

協會成立之初，媽咪深深感受到任務的艱鉅，再次陷入單打獨鬥的孤單。然而，就像每次的冒險，媽咪不會因此氣餒，也絕不會棄械投降；只要媽咪不屈不撓，假以時日，一定會有越來越多人認同媽咪的理念，和媽咪一起推動「兒童安寧」，爲癌末孩子盡一分心力！

小寶貝，妳在世上的冒險旅程已經結束，而哥哥的冒險旅程才剛開始⋯⋯

媽咪呢？正邁開大步，迎向下一個冒險旅程。但願這段旅程不再是單打獨鬥，但願在妳我的精神感召下，媽咪能集合更多心志一同的人一起冒險，一起和癌末的孩子堆疊夢想。

祝福媽咪，也祝福哥哥喔。

深深愛妳的媽咪

愛，在機場

這個故事，發生在 Dora 最後一次到西雅圖拜訪阿姨和兩個表哥時。而，回到臺灣一個月後，Dora 追蹤檢查時，被宣布存活率是零……

在機場過海關時，海關人員對著護照凝視許久之後，再看看 Dora（那時，Dora 沒有戴頭巾，頭髮的長度就跟照片一樣）。然後，用充滿狐疑的口氣問 Dora：「弟弟，妳是妹妹啊？！」Dora 微笑的回答:「是啊！我是妹妹，因為得了骨癌，化療的關係，頭髮都掉光了，所以看起來像弟弟。」

Dora 用輕鬆自在的語氣，解釋著她的病情。微笑始終沒自她的臉上消失。

那一刻，對 Dora 面對疾病的坦然、豁達，感到驕傲，感到安慰；但，也有那麼點心疼。

只見，海關人員突然從座位站起來，眼角泛

著淚光，注視著Dora說：「妹妹，妳要加油！祝妳旅途愉快。」然後，雙手把護照交還給 Dora。

就在和他四目交接的剎那，我知道，我們彼此的心，都是滿的……

值日生

Dora 小學三年級，因為種種原因，轉學到基督教美國學校就讀。學校位於陽明山上，每次到學校接 Dora 放學時，她總是神情愉悅，和同學們有說有笑。

Dora 是個快樂的孩子，雖然有點靦腆，雖然話不多，但是很愛笑。笑起來皺著鼻子，笑聲驚人。Dora 離去後，她的笑容、她的笑聲，仍讓許多人懷念不已……還記得有一次帶她去看電影，是一部好萊塢的喜劇片，她是整個電影院裡笑聲最大的孩子……寫到這裡，依稀、彷彿又聽到她開懷燦爛的笑聲。

Dora 總是笑臉迎人，個性開朗、溫和、體貼，鮮少和同學發生衝突，因此在班上人緣特別好。

那天中午，照常到學校接 Dora 放學。遠遠的看她臭著一張臉，坐在階梯等我。

問她：「怎麼了？」

她說：「David 本來放學後，應該留下來和我一起當值日生，但是他竟然溜回家了，讓我一個人做所有的事……」

Dora is one of three students in my class who always keeps working even when others may be distracted by something.

其實，值日生的工作並不輕鬆，吸地、排桌椅、倒垃圾……有很多事要做。老師會事先分配，誰該做什麼？然後，各司其職。那天，David 先溜回家了，Dora 做完自己的工作之後，把原本 David 該做的事，也幫他做了。

我說：「媽咪覺得妳很棒，不但把自己的工作做完，還做了同學沒做的事。妳不但負責，也是體貼的孩子，媽咪真的以妳為榮！」

第二天去接 Dora 放學，她依然臭著一張臉——David 又溜了。Dora 又做了全部的工作……

「媽咪知道妳很委屈，但是媽咪無法為妳解決這件事。妳必須自己找 David 談，要求他留下來；或是，不再幫他做他應該做的事；或是，繼續獨自完成所有的工作。而一旦決定解決的方式後，就不能再抱怨了，因為這是妳自己的選擇喔。」

之後的兩天去接 Dora 放學時，她仍臭著一張臉，卻不再有抱怨。我知道，她仍獨自完成所有的工作。直到星期五……那天接她放學，遠遠的，就看到睽違已久的燦爛笑容。只見 Dora 一路飛奔到我面前，然後，得意的把手中的卡片遞給我……是老師寫的。

內容寫道：「老師看到妳這五天來，獨自默默完成值日生所有的工作，你不但是負責任，也是心胸寬大的孩子，因為妳對 David 沒有絲毫抱怨，老師真的以妳為榮！」

Dora 在美國學校的兩年，常常得到許多獎狀或是老師自製的卡片，但是不管獎狀或卡片的內容，都和成績無關。整件事情的過程，老師沒有責備 David，Dora 也不曾因為 David 的「溜之大吉」埋怨 David 或跟老師打小報告。

後來，David 和 Dora 成為班上最要好的朋友。

Dora 生病時，David 常常來陪她，直到最後……

兩個結果都很好！

Dora 因為癌細胞轉移腎臟，醫生在 Dora 的腎臟為她開了兩次刀，試著要把她的腎臟給搶救回來，但是，最後仍徒勞無功，醫生不得不在第二次為 Dora 開腎時，把她的腎臟也給摘除了……

摘除腎臟之後，醫生告訴我們：「Dora 再也無法接受任何化療，因為任何化療都會要她的命。」我們又再一次走投無路。就在這時候，在美國有一個針對骨癌孩子的標靶治療實驗，他們正在亞洲找一個可以參加實驗的孩子，Dora 剛好所有條件都符合實驗的要求。這天，醫生把實驗同意書放在我的面前，問我願不願意讓 Dora 參加實驗？

那時，手中握著筆，遲遲不敢簽下 Dora 的名字。實驗！實驗就是讓自己的女兒當「白老鼠」，我很害怕，不知道她會面臨什麼後果。

就在猶豫不決時，Dora 將我手中的筆拿去……她說：「媽咪，我知道，要妳親自簽下我的名字，太痛苦了。讓我自己決定吧！我願意參加實驗！如果實驗成功，可以造福人群，萬一實驗失敗，就是到天上和上帝爸爸在一起。媽咪，這兩個結果都很好！」

後來，Dora 親自在實驗書上簽下自己的中文名字——江謙文。結果，一年之後，實驗宣告失敗，Dora 兵敗如山倒。癌細胞轉移到她身上骨頭許多地方——脊椎、骨盆、膝蓋……

台北榮民總醫院　臨床研究計畫
受試者同意書

計畫編號：P04720
計畫名稱：SCH 717454 對接受目前標準治療後復發之惡性骨肉瘤及伊汶氏肉瘤病患之研究

執行單位：內科部　血液腫瘤科
主 持 人：顏厥全醫師
協同主持人：曾成槐主任
協同主持人：趙大中醫師
執行單位：骨科部
協同主持人：陳天雄主任
執行單位：骨科部　骨折科
協同主持人：陳威明主任
執行單位：兒童醫學部　血液腫瘤科
協同主持人：洪君儀醫師
執行單位：兒童醫學部　血液腫瘤科
協同主持人：顏秀如醫師

受試者姓名：江謙文　性別：女　年齡：14 4/6
病歷號碼：34395669

受試者簽署：
江謙文（正楷姓名）　江謙文 簽名　日期：99 年 6 月 1 日

*****　　*****　　*****

Dora 在剛病發時，曾要求醫生，希望每次的檢查結果都要直接且親自告訴她，因為要打仗的人是她，她總要知道敵人是誰？敵人在哪裡？

那天，是我的生日，我們回到醫院做例行追蹤檢查。等報告時，Dora 興奮的說：「媽咪，今天是妳的生日，等聽完報告出院時，我要請妳吃大餐，我要送妳一個很特別的禮物。」（有關禮物的故事，寫在第一本書《93 奇蹟：Dora 給我們的生命禮物》中。）

就在我們母女倆高興的商量時，醫生突然推開病房的門，看著 Dora 說：「報告出來了，我們發覺妳的癌細胞轉移身上骨頭多處，接下來我們能為妳做的，就是為妳開刀，可以讓妳活久一點點……」

Dora 這時候一樣問醫生：「那你能不能告訴我，你要如何為我開刀？」聽完醫生的解說，Dora 看著我，堅定的說：「媽咪，帶我回家去吧！我決定，一路玩到掛！」

那天，是 2010 年 8 月 1 日。

自此，Dora 仍繼續和黑人哥哥宣揚 Love Life 的精神和態度；仍繼續上課；仍繼續學大提琴、鋼琴；仍繼續到處遊山玩水；仍繼續，努力的活在當下……

2010 年 12 月 4 日，Dora 在北京的舞臺，完成人生最後一場演奏會。

2010 年 12 月 14 日，Dora 回到醫院做最後的疼痛控制。

一個月之後，Dora 結束了人生的舞臺，光榮謝幕！

生命像大便！

許多人說：「Dora是個氣質美女。」

但不知為何？這氣質美女，卻對大便情有獨鍾！

Dora說：「生命像大便，有軟有硬，有順有不順！」Dora離去後，我發覺本來似乎是玩笑的一句話，竟如此發人深省。

是啊！也只有經歷過大風大浪，經歷過人生風暴的她，才能如此深刻的認識生命、體悟生命。用如此輕鬆、幽默的方式，說出如此含富哲理，又充滿智慧的話語，不是嗎？

沒錯，生命，本來就有高山、有低谷。

所以，當生命走到低谷時，請別放棄！

因為，這時，正是你要上坡起步的時候喔。

外婆的粽子

我們全家都公認，世界上最好吃的粽子就是我媽媽包的粽子！

Dora 最愛吃外婆包的粽子，而且只吃外婆的，其它粽子都不吃。也因此，每年的端午節是媽媽最忙碌的時候，從洗粽葉、準備粽料、包粽子、煮粽子到熱騰騰的粽子起鍋……媽媽全部一手包辦。

看媽媽俐落純熟的手法包粽子，是我一大享受。雖然曾經和媽媽學習，但是每次包出來的粽子總是奇形怪狀，後來選擇放棄。還是喜歡看媽媽包粽子，然後，邊跟媽媽滴滴答答話家常。

Dora 生病之後，幾乎每年的端午節都是在醫院度過。

有一年，為了讓 Dora 在病房也能感受過節氣氛，媽媽把所有包粽子的材料帶到病房，就在病房為 Dora 包粽子，Dora 還邀她 93 好友們到病房和媽媽一起包粽子。只見媽媽的周圍圍著一群光頭的孩子，聚精會神的和媽媽學包粽子。第二天，媽媽把煮好的粽子帶到醫院，讓孩子認領自己包的粽子。那天，孩子興奮的吃著自己包的粽子……

2010 年 12 月 14 日，Dora 回到醫院做最後的疼痛控制。

我問 Dora：「最想吃什麼？」

Dora 說：「最想吃外婆包的粽子。」（那時，腫瘤已轉移到嘴巴，而且影響到吞嚥的功能。）

那天，媽媽二話不說，馬上趕回臺中家裡，為她最愛的孫女包粽子。第三天，媽媽帶著粽子回到醫院，Dora 興奮的捧著，滿足、感動的咬了一口……然而，卻因為腫瘤已經長的太大了，堵住食道，無法吞嚥……

只見，淚水自 Dora 的臉上滑落，媽媽更是難過的無法克制奪眶而出的眼淚。Dora 看到外婆如此難過，安慰著說：「外婆，沒關係，我用聞的就很滿足了！等有一天，妳也回到天上時，我還是可以吃到妳包的粽子。」

Dora 離去之後，好長一段日子媽媽不再包粽子。

去年，端午節回家，竟然看到媽媽在包粽子。

那天，我們一起包粽子。

粽子裡，有著我們對 Dora 滿滿的愛和想念……

雄壯威武的老爸

他，是我雄壯威武的老爸！

話說，許多、許多年前的某一天，爸爸帶著哥哥、姊姊到海邊（那時的我呢？應該還沒出生）。那天天氣很熱，熱得沙灘都發燙了，哥哥和姊姊稚嫩的小腳丫，踩在沙灘上，被燙得哇哇大叫。我那雄壯威武的老爸，馬上二話不說，把他們提在手上，一邊一個，走過炙熱的沙灘。

多年之後的某一天，我那雄壯威武的老爸，在騎車的中途，突然昏倒，送醫診斷，爸爸心律不整的舊疾更加惡化了，醫生建議他必須在身上裝上一顆「電池」，維持心臟的跳動。

之前，發覺爸爸有心律不整的毛病時，偶而，跟爸爸開玩笑：「爸，你的心臟有時跳、有時不跳，你一定能活得很久，因為你的心臟常常能得到休息。不像我們的心臟一天跳到晚，從來都無法休息……」

爸爸一向好強，一向不服老，而這次，他終於答應讓醫生在他在身上裝電池。住院那幾天，他有點失落、有點落寞……對老爸來說，要承認自己老了、承認自己生病，真不是件容易的事。

還記得 Dora 離去前，爸爸對她說：「外公很快就會到天上和妳相聚了。」

Dora 回答：「外公，你還會活很久，不要急著上來。而且，你要活得很快樂喔！我在天上會為你準備一間靠水的房間，因為你最喜歡釣魚、最喜歡游泳……」

爸媽都是游泳高手，已經 80 多歲的他們，還是全國分齡游泳紀錄的保持人之一，所以我們家子孫二代的泳技，都是爸媽一手調教出來的。而 Dora 是爸爸最得意的門生，兩歲就學會游泳的她，舉凡蛙式、蝶式、自由式……都難不倒她。只要有機會，總會看到祖孫倆在泳池切磋泳技的身影。

Dora 離去後，看得出來爸爸很落寞。對 Dora 的離去，爸爸始終無法釋懷……

那天，帶爸媽到平安園，爸爸在 Dora 墓前駐足許久、許久……我攬著爸爸的肩膀說：「爸，別忘了 Dora 離去前的叮嚀——你要快樂喔！知道嗎？你是最幸福的外公，有多少外公能像你一樣，有一天離去時，到天上，有最愛的孫女親自迎接你、陪伴你。」

親愛的老爸，在我心目中，你不但是我最雄壯威武的老爸，也是我最溫柔貼心的老爸。謝謝你，在 Dora 離去後，常惦記著我一個人住山上，一定很寂寞，貼心的送了我一隻會講話的鸚鵡——Doris ！牠，果然很棒，也是很稱職的陪伴者喔！

還有，謝謝你，每次回臺中都為我泡全世界最好喝的「老爸咖啡」！老爸：謝謝你，我愛你！

味道

Dora 離去後，我常常打開她的衣櫃，一把抱起她的衣服，用力的聞，那日日夜夜想念的味道。可是，總覺得這樣是不是太奢侈了，擔心，會不會有一天，味道就這樣被聞光了。

直到有一天，因為很想念 Dora，想再聞聞她的味道……打開衣櫃，一股霉味撲鼻而來……Dora 的味道不見了。我好失落、好失落，跪在 Dora 的衣櫃前，哭了好久好久……

是的，我留得住 Dora 的影像、Dora 的聲音，但是，我留不住她的味道……

告別音樂會

我們常聽到一個問題：「如果你的生命只剩幾個月，你將如何度過？」

然而，不管是問題或是回答，都只是假設性。但是，對 Dora 來說，這問題卻是如此真實，而且 5 年來每三個月就要面對一次。也因此，這 5 年來 Dora 過得如此精采、豐富，因為她把每三個月都當成最後的日子過……

就在 Dora 被宣告存活率是零之後，我們回到家，依然遊山玩水、依然上大提琴課、依然繼續所有的課程……死亡的宣告，並沒有讓 Dora 停止前進；死亡的宣告，讓 Dora 更珍惜最後的日子。

回到家的第二個月，Dora 告訴我：「媽咪，我想在移民天堂之前，在家裡舉辦告別音樂會，我要用音樂跟大家說：謝謝！謝謝他們曾經如此愛我。」

Dora 是個靦腆、話不多的孩子，在最後的日子，她選擇用她熟悉的音樂，述說她對大家的愛……那天，家裡擠滿了親朋好友，Dora 一首一首的演奏著大提琴。過程中，沒有哀戚，

沒有眼淚。

有一種「失敗」是可以和勝利相匹敵的，那就是為注定的失敗，全力以赴！ Dora 就好像即將遠行的旅人，用音樂跟大家說「再見！」

面對即將來臨的死亡，她的琴聲依然美好，她的笑容依然燦爛。

遇見天使

或許是技術的問題，一直覺得鑲在 Dora 墓碑上的相片不像她，所以在她離去的第二年，決定重做墓碑。上網搜尋，最後決定讓鶯歌一家陶瓷工坊幫忙燒製。打電話詢問，接電話的是位聲音很溫暖的女士；在電話中，說明原由之後，她要我把要燒製的相片 Mail 給她……才剛寄過去，馬上接到一通電話，是她──那位女士。

在電話中，她語帶哽咽的說：「原來，妳就是 Dora 的媽媽。我看過妳們的紀錄片，我一定會把 Dora 的相片燒得就像原來的她。」兩個從未謀面的陌生人，在電話的彼端，卻都止不住臉上滑落的淚水……

Dora 離去後，上帝爸爸派了許多天使圍繞在我的周圍。在無數想念的日子裡，一個微笑、一句問候、一個擁抱，甚至一起哭泣……這一

切的一切，都深深觸動了我的心。

原來，要成為別人生命中的天使，並不難啊！感謝我的天使們：你們的陪伴，你們的溫暖，我都接收到了。這都將成為我前進的動力！

〈談兒童安寧之重要〉

因爲很難，所以需要你我一起來

臺中榮民總醫院婦女醫學部醫師、曾任緩和療護病房主任，

英國倫敦大學國王學院緩和療護碩士　黃曉峰

照顧重病的孩子是一項令人心碎的工作。

但如果這是工作，至少還有下班的時候。孩子與他們的父母照顧者，連下班的時間也沒有。

我在醫院中，除了照顧本業的婦產科婦癌病人以外，也分擔各科的安寧療護會診。一年中總有幾次是到兒科病房或兒童加護病房去看孩子。會談完總有個念頭，想衝回家抱抱自己的小孩，謝謝他們健康的活著！

我很難想像兒科的同事是如何面對的，更不敢想像家長又是承受怎樣的錐心之痛。

多年前，馬偕醫院與安寧照顧基金會一同邀請英國的 Dr. Richard David William Hain 來臺，擔任「愛在安寧—兒童安寧療護研習會」的唯一講師，在臺北與臺南各有一場。研習會共上6堂課，內容涵蓋了英國兒童安寧的發展、理念與倫理議題、疼痛與常見症狀處理等。在 80 分鐘的課堂上，比照早年「布道大會」的模式，老外講一小段、口譯者翻譯一小段。臺北場表定由兩位兒科醫師口譯，而我則負責臺南場。

生平第一次擔任現場演講口譯，難免緊張，稍有分神遲

疑，一句話就會錯過。所幸內容與先前四處演講的（成年人的）安寧緩和醫療有許多共通之處，一天半的口譯任務順利完成。後來聽同事轉述，在臺北場實際由四位兒科醫師輪番上陣；口譯者會感到吃力的部分，不是講者的英國口音，而是對內容的陌生；一面要理解內容、同時要翻譯成醫療人員了解的中文語詞。這是我第一次深切感受到兒童安寧在臺灣的困難——在於兒科醫師對兒童與家長的心理社會乃至靈性需求的陌生。

在那次研習會中，問了 Dr. Hain 一個重要的問題：兒童的安寧照顧，由目前成人安寧照護的團隊去學習兒童醫療的知能，抑或由兒童醫療團隊去學習安寧照護的知能，何者比較適切？他的回答是後者，其中原因之一是「安寧療護是一種理念、而不僅是指一種場所」，而且兒童還有各個發展時期的特殊需求，不是習於照顧成年人的現有安寧療護團隊能輕易上手的。

雖然這麼建議，但是十幾年來，在我們醫院裡提供兒童安寧的專業人員還是原來的（成人）安寧療護團隊。還好隨著時間推移，已經有許多兒童醫療的醫護人員願意接觸這樣的教育訓練，然後盡可能與安寧療護團隊協力一同在兒科病房推展這樣的觀念與服務。

英國最早的兒童安寧院是 1982 年成立於牛津的海倫之家，在全英推展兒童安寧之初，家長建立的慈善團體——重病與末期病童家庭協會（ACT）與皇家兒童醫學健康學院（RCPCH）攜手為建立兒童安寧療護體系做了許多基本功。其中最重要的，就是確立了需要安寧療護的四類病童：

第一類：危及生命的疾病，雖然有可治癒的療法、但也可能面臨治療失敗而死亡。如癌症、無法回復的器官衰竭等。

第二類：無法避免早年死亡的病況，需要長期的密切治療以期能夠延長生命與參與日常活動。如囊腫纖維症。

第三類：持續惡化且沒有治癒選項的病況，從診斷起，所有治療都是支持性與緩解性的。如黏多醣症、肌肉萎縮症等。

第四類：不可逆但也不持續惡化的病況，但是造成嚴重失能而易受其他健康威脅。如嚴重的腦性麻痺、多重障礙等。

所以，難就難在：不是只有「癌症」病童需要安寧療護的全人全家照顧，還有許許多多不同疾病的病童和他們的家人有這樣的需要！但是，他們不只人小、人數也少，疾病種類又多，「不夠經濟規模」是常見的困境。

難就難在：這些疾病，有的會在產前就診斷、有些在青少年或青年發病、或帶著疾病進入法定成年的年紀，所以還有「周產期安寧照護」與 AYA 世代安寧照護的需求，AYA 世代是日本人對「青少年與年輕成人」（Adolescent and Young Adult）的縮寫。至於「年輕成人」是算到幾歲？有次我參加一個小組討論，會中問到「認為自己算 Young adult 的？」50、60 歲的老外們都舉手了！

難就難在：孩子重病，影響所及還不只是孩子與父母；還有他們的手足，是否感到驚慌無助？感到罪惡感？或是生氣被冷落？還有，通常還健在的兩方祖父母，有著與父母一樣白髮送黑髮的哀傷、與無法幫助孫子的無助感，同時，再加上無法幫忙自己的子女（病童的父母）的雙重無助感。真是一孩有病、全家族都陷入苦海！

難就難在：孩子，不該是面臨死亡的年紀！他們的人生甚至還沒開展啊！怎麼可能沒有治療？怎麼可以輕言放棄！因此，許多孩子直到生命的最後一段時間，仍然承受著連大人都難以忍受的治療痛苦。

即便如此艱難，我們仍然會遇到不少家長，從陪病、抗病過程中培養了令人折服的智慧與修養，反而成為醫護同仁的最佳夥伴，甚至是人生老師。

Dora 與 Dora 媽咪的故事，我與大家一樣，是看了「Love Life」的廣告片，深受感動而吸引，進而拜讀她的《93 奇蹟：Dora 給我們的生命禮物》與《Love Life》紀錄片，然後在她的 Facebook 上留言致敬、參加簽書見面會。

去年終於有幸，Dora 媽咪的第 369 場演講，來到我們醫院，聽到她們母女的完整故事。在演講前，我有機會讓她參觀安寧病房、藝術治療室、兒童病房的親善設計、兒童加護病房為臨終病童家庭所設置的會談陪伴空間；更重要的，是兒科與安寧的同事對她們實際照顧過程的分享，這些都是在過去 10 年間所一點一點達成的進步啊！

前面提到英國慈善團體 ACT 現在改名為「共度短暫人生」（Together for Short Lives），仍是全英兒童安寧的領航者。其網頁上的「願景」敘述令人動容：「兒童及年輕人雖會因病而縮短生命，也能盡其可能獲得圓滿的人生，以及最好的生命末期照顧。」

Dora 與 Dora 媽咪的故事，為兒童安寧做了最好的示範與標竿。Dora 準備好的，不是只有「自己回到上帝爸爸的身邊」這件事；她認真的、盡其可能的發揮自己的潛能、圓滿自己的生命，同時鼓勵身邊及未來的小病友們面對疾病，幫自己、也幫父母、祖父母面對她的死亡，更幫助深愛她的母親留下連結彼此的方法，找到讓生命持續發光的志業。最後讓身邊的醫護同仁、甚至未曾謀面的大人們，因為她而得到關於「生命」的智慧！這就是臺灣安寧之母趙可式老師所說的：「善生—善別—善終—善生」的循環。

兒童安寧，是一個很難的領域，難到在臺灣安寧療護已經推動超過 1/4 世紀，死亡品質獲評為全球第六、亞洲第一的此時，仍然沒有一個醫院有這樣的兒童安寧團隊。

但是，就是因為難，才需要我們一起來。

〈後記〉

恩典之路——給失去孩子的媽媽

這篇文章很長，陸陸續續寫了一年多……畢竟，從破碎到重生是漫長且崎嶇的旅程。但願這篇文章不只能幫助失去孩子的媽媽，也能幫助生命正處逆境中的你……

當孩子，呱呱落地的那一刻，我們的生命被改變；當孩子，在我們懷中離去的那一刻，我們的生命再一次被改變……

每個媽媽都一樣，孩子呱呱落地那一刻，我們喜悅中帶著深深的愛、無限的盼望。隨著孩子的誕生，我們的人生，重新被洗牌；我們的夢想，重新被建造……然而，我們的改變，是那麼心甘情願，是那麼無怨無悔，不是嗎？因為，孩子是我們的一切；因為，孩子牽動著我們生命中所有的喜怒哀樂，不是嗎？

然而，當有一天，孩子在我們懷中離去的那一刻，我們的生命頓時陷入了傷痛、困惑，甚至也陷入憤怒、絕望中；我們突然找不到人生方向，生活失去重心；強烈的失落、空虛，狠狠的啃蝕著我們的心，痛苦到讓我們無法招架。

我們的生命，好像走進了迷宮……在迷宮中，我們拚命的找、用力的找，卻怎麼也找不到出口。我們大聲的問自己：「到底，要怎樣才能找到出口？到底，還要在迷宮中待多久？

還是，其實，迷宮根本沒有出口？」

然而，上帝絕不會讓痛苦超過我們所能承受。只要妳願意，祂會牽著妳的手，陪著妳、帶著妳走出迷宮；祂會為妳修補破碎的心，引導妳找到重生的翅膀！

「勇敢面對傷痛！」

我人生中第一場演講，從監獄開始！

那時，女兒離去不到半年……面對著三、四百個受刑人，講述女兒的生命故事，播放女兒的紀錄片，真不知當時的自己哪來的勇氣？整場演講，在數度哽咽，甚至，泣不成聲中結束……

然而，醫治之路，也從那場演講開始……

結束演講，回到台北之後，陸陸續續收到 100 多封受刑人寫給我的信，其中還有許多被判無期徒刑的重刑犯……那一刻，我明白，原來，孩子的生命，是可以穿越這些剛硬的心！那一刻，我也明白，苦難的背後，一定有它存在的價值和意義！是的，上帝不會讓我們白白經歷苦難，上帝也不會讓我們白白受苦！

然而，踏上醫治之路的第一步，就是——勇敢面對傷痛！

或許，我們以為，選擇忽略、選擇逃避，甚至，選擇遺忘，傷痛就會過去……不！在我們失去孩子的那一刻，「傷痛」就成為我們生命的一部分，而這傷痛，將如影隨行我們一輩子，畢竟，愛過才會痛，不是嗎？

我承認，自己再怎麼努力的面對傷痛，再怎麼勇敢的接受傷痛，直到如今，6 年了，還是有些無法碰觸的事情、不願面對的日子……然而，當我們願意面對傷痛、接受傷痛，也就是進入更深層生命的開始。

是的，面對傷痛，會為我們帶來醫治和改變！

曾經有人問我：「哪來的勇氣，承受失去一切的傷痛？」我輕輕的回答：「我只相信，我們所承受的一切，都有個好理由。每個傷痛都有目的，每個悲劇都有答案，我不想問：『為什麼？』讓我繼續前進的是愛、信仰和盼望。」

是的，我承認自己仍走在醫治的道路中，而我也承認這條道路走起來一點也不輕鬆，但是帶著上帝爸爸無盡的恩典和慈愛，讓我可以帶著悲傷，繼續往前走！勇氣和努力，不一定能為我們帶來醫治，但我知道，也非常確定，如果願意勇敢面對傷痛，走在醫治的道路上，將發覺，腳步不再沉重，心靈不再空虛。

然而，這條路是孤寂的，畢竟，失去孩子的媽媽不多，所以大部分的人無法感同身受我們內心的失落、悲傷、迷惘，和對孩子無盡的想念……

有人問我：「Dora 媽咪，妳怎麼可以那麼快就走出來？」這問題常常讓我不知如何回答？因為，我從來不知道，什麼叫「走出來」？

失去孩子就像截肢一樣，失去的再也回不來……

也因此，我們無法停止對孩子的想念，而這想念，直到有一天再次和孩子相聚時才會停止。時間無法讓我們學會遺忘，安慰無法填補我們心裡的空缺；無邊的失落、無際的思念，是每個失去孩子的媽媽都要面對的功課。

許多失去孩子的媽媽，無法也不願承受太多關愛的眼神，太多無濟於事的安慰。她們只好躲起來，只好絕口不提失去孩子的傷痛……

3 年前，我受邀到美國演講，結束後有位女士來找我，她邊訴說邊掉淚：「小時候我有個雙胞胎弟弟，他和 Dora 一樣得了骨癌，治療 1 年多後離去。面對弟弟的離去，爸媽太傷心了，從此絕口不提弟弟，也不准我們提，就好像弟弟從來沒有存在過，就好像不提弟弟，傷痛就會消失……弟弟的生病，弟弟的離去，這件事在我家埋藏了多年；而我，一直以為時間會為我帶來遺忘，直到今天聽了妳的演講，我所有的記憶和傷痛都回來了……原來，弟弟從未自我的記憶中消失，而我的傷痛不只是因為失去弟弟，而是，我們把弟弟曾經存在和離去的事實，埋藏了那麼多年，對弟弟有多麼不公平！」

因為愛得太深，我們不可能不想念孩子；因為愛得太深，我們也不可能停止想念孩子……想念或許會帶來傷痛，然而，傷痛實際上會變成生命裡和生命外，重新獲得醫治和祝福的來源。

「破碎‧重生」

事實上，我們對生命期望些什麼，並不重要，重要的是，生命對我們有什麼期望？

是的，生命的存在，生命的消逝，一定有上帝特別要賦予的價值和意義！面對孩子短暫的生命，或許，我們不需要再問：

「為什麼？」而是要開始認真思索，生命正在對我們提出什麼問題？

我們都希望我們的一生，是平穩的、順遂的、安全的；然而，生命正是在風浪中、在顛簸中，甚至，在狂風暴雨中，我們才有機會重新定義自己，發掘自己隱而未現的能耐。

面對人生困境，我們只有兩個選擇：留在破碎裡？或是，從破碎走向重生？

當生命把我們逼得走投無路時，正是我們破繭而出的大好時機！當我們願意接受生命中的挑戰，勇敢的接納在我們身上發生的任何事，勇於讓痛苦破碎我們，然後重生；我們就有機會讓自己變得更柔軟、更寬厚、更強壯、更有智慧，甚至更有生命力。

走在醫治的道路中，我們需要有開闊的視野、全新的眼光，我們需要有真實面對自己、改變自己的勇氣。熬煉的過程是艱辛的、是充滿挑戰的；而且，在信仰破滅和信仰重建之間，沒有任何捷徑。

悲傷要適可而止，否則，就會讓自己掉入絕望的深淵……深不見底的深淵……

然而，就算身處絕望，仍要為自己奮力一搏！

因為……妳是有翅膀的。

因為……妳能飛。

因為……上帝爸爸說：「我總不撇下你，讓你獨自奮戰。」

相信我，只要妳願意，上帝必然會帶著妳走出傷痛、走出絕望！

「生命中另一個不凡的開始……」

別讓眼淚淹死自己，別讓傷痛埋葬了愛的能力。

當人生不如預期發展，我們很容易因為沉溺在自己的傷痛中，而忽略了別人也正在面對他的痛苦和沮喪。我們可能因為太專注於自己的失去，而讓世界變得如此狹隘，因為我們唯一關注的就是自己的傷痛。

但是，千萬別讓傷痛導致心靈因而枯槁、死亡，以至於喪失了人生的意義！因為，生命最深刻的體驗，就是當我們把傷痛轉化為——去愛、去付出時，那種充滿心中的喜悅、感動和滿足……

沒錯！事實證明，我們所擁有的一切，都可能在一夕之間被剝奪、被粉碎，然而，只有一件事情除外，而這也是我們唯一可以掌握的自由——在任何困境、苦難中，抉擇自己面對環境的方式和態度，接受所有的際遇，接受內心承受痛苦的方式，也就是背負自己十字架的方式。

我們可以選擇在最艱困的際遇中，賦予生命更深遠的價值和意義！

以世俗的眼光，我是個際遇「悲慘」的女人，婚姻、孩子、事業、夢想……一夕之間，一無所有……我的人生，再也沒有什麼可以失去。然而，沒想到，我生命中最大的得著，竟源於我的失去。

放棄過去的生活，迎接目前的人生，這是「無可選擇的選擇」！

於是……接受當下，放開過去。

於是……小我，破碎開來；於是……我看見真正的自己。

苦難，教導我其他事物無法教導我的。

苦難，讓我的生命成長茁壯，而且，多了智慧。

苦難，賦予我憐恤的雙眼。

苦難，帶走一切，卻也帶來上帝爸爸無盡的恩典與慈愛……

如果，註定要失去 Dora，那麼，把她交託在上帝爸爸手中，是我最深的安慰和放心。

從此，再也無後顧之憂。

從此，帶著豁出去的自由，奔走前面的道路。

從此，最震撼人心的旅程，正開始……

〈結語〉

生命無懼

愛裡沒有懼怕，愛既完全，就把懼怕除去。

「為註定的失敗全力以赴」

如果我們把死亡視為一種失敗的話，那有一種可以和勝利相匹敵的失敗，就是為註定的失敗全力以赴！這就是癌症末期的孩子，面對生命的寫照。

當醫生告訴我 Dora 存活率是零，因為癌細胞轉移骨盆、膝蓋，甚至脊椎。醫生建議，讓 Dora 截肢、做脊椎手術，這樣或許可以延長一些存活的時間。

但是，我拒絕了。

身為母親，作這個決定，需要多大的勇氣！深深的恐懼、自責、罪惡感排山倒海，痛苦的讓我無法招架！我不要 Dora 最後的日子，還要飽受折磨，只為了活久一點。多久？一個月？兩個月？不！ 11 次的手術，33 次的化療，5 次的復發，夠了！真的夠了！是該畫下句點；是該放手的時候了。

身為母親，面對孩子的治療，到底應該在哪個點上宣告放棄？存活可能比死亡還糟嗎？我痛苦的問自己……

Dora 就像歷經大小戰役的英勇老兵，全身布滿傷痕。然而，每個傷痕，都是她光榮的印記。戰役總有結束的一天；老兵，總有光榮退伍的一天。那 Dora 呢？掙扎的活下去？不管過去或未來？她還要面對多少手術？多少化療？難道，這將永遠是她生命的一部分？多希望上帝能回答我一連串的疑問……雖然，上帝沒有直接回答我，卻一路帶著我和Dora，直到今天。

Dora 面對死亡，無懼的坦然和態度，讓許多人學習到人生最珍貴的功課！ Dora 用生命親自見證——死亡不是結束，而是更美好的開始。

「第一次告別……」

媽咪：「Dora，明天手術醒來，可能會發覺身上多了一對翅膀。」

Dora：「媽咪，我是不是要當小天使去了？」

媽咪：「有可能……」

Dora：「當小天使以後，還能不能看到妳？」

媽咪：「當然可以！只是媽咪沒辦法看到妳，因為妳變成透明人了。」

Dora：「那我們會不會再相見？」

媽咪：「當然會！」

Dora：「可是，那時候妳老了，飛不動怎麼辦？」

媽咪：「那妳就在天上拉我一把啊！」

Dora：「可以，可是妳要答應我一件事……」

媽咪：「哇！居然還有條件，說吧！」

Dora：「妳不能吃得太胖喔！」

說完，母女相擁大笑。這是我們母女倆第一次的告別——

沒有眼淚，只有充滿整個病房的笑聲……

「每個人都會死……」

黑人哥哥：「談談妳對『死亡』的看法？」

Dora：「每個人都會死啊！只是時間不一樣……我知道我會去哪裡。」

黑人哥哥：「所以妳不害怕？」

Dora：「不會！」

言談之間，「笑容」始終沒有從 Dora 的臉上消失。

「一路玩到掛」

醫生：「妳再也無法接受任何化療，因為任何化療都會要妳的命。接下來，叔叔只能為妳開刀，讓妳活久一點。」

Dora：「那你能不能告訴我，你要如何為我開刀？」

醫生：「因為妳的癌細胞轉移脊椎、骨盆和膝蓋，我們會先幫妳開脊椎，從背部挖出脊椎的腫瘤，之後，再從腹部挖出脊椎的腫瘤，因為脊椎是圓的……等傷口復原後，接著再處理骨盆的腫瘤，這部分可能需要做截肢的處理。」

聽完醫生的解說，Dora 看著我，堅定的說：「媽咪，帶我回家吧！我決定一路玩到掛！」

「告別音樂會」

Dora 被宣告存活率是零，回到家的第二個月……

Dora：「媽咪，我想在家裡舉辦告別音樂會，妳能不能幫我邀請親朋好友到家裡？我要演奏大提琴，用音樂謝謝他們的陪伴和照顧，用音樂跟他們說──再見。」

那天，Dora 一首又一首的演奏著大提琴。

雖然知道即將面對死亡，但是她的笑容依然燦爛。

「想幫助更多人……」

在 Dora 最後一次住院的第二天，Dora 主動要求黑人哥哥帶攝影機到病房，為她做最後的紀錄。

黑人：「討厭攝影機，甚至討厭照相的妳，怎麼會主動要求面對鏡頭？」

Dora：「因為，想幫助更多人……」

從那天開始，黑人和范范為 Dora 記錄「人生的最後一段」。常常緊握攝影機的雙手，無暇擦拭滾滾滑落的淚水……

黑人說：「認識 Dora 將近 3 年，Dora 說的話，都沒有最後的日子多。」

「最後的告別……」

外婆：「Dora，不要害怕，當妳離去時，會有『光』指引妳到天堂的路，只要跟著光走，就能到天堂……」

Dora：「外婆，妳不是說，當我們完成地上的功課，上帝就會接我們到天堂嗎？妳看，我只有 15 歲，就完成地上所有的功課。妳和外公都已經 80 歲了，功課還沒做完，所以，我一定是資優生！」

Dora：「我嚮往天堂……到天上，我會成為耶穌的第十三個門徒，和耶穌一起吃晚餐，而且聖經裡面所有的人物都會出現在我面前。」

媽咪：「媽咪好羨慕妳喔！真希望可以和妳手牽手，一起走到天堂。」

Dora：「我要在天上蓋『愛的大旅館』，所有愛我和我愛的人，當他們完成地上的功課回到天上時，都可以住到我的旅館，我的旅館免費招待食宿喔！」

Dora：「離去時，請幫我穿上Love Life的衣服，配牛仔褲；鞋子，穿范范姊姊和黑人哥哥在生日時送我的球鞋……還有，我的告別式上，能不能請宏恩哥哥唱〈詩篇23篇〉……」

最後的日子，沒有呼天搶地的哭泣；沒有生離死別的哀痛。15歲的Dora，展現洞徹人生之後的清明與沉靜；展現笑看人生的幽默與豁達。

「關於兒童安寧……」

我學音樂，我主修大提琴。我不是醫生，也不是護理人員，你問我：「什麼是兒童安寧？」說真的，我無法用專業的語言回答你，因為我不是這方面的專家，也不是這方面的學者。但是，上帝卻讓我花了十幾年的時間，親身經歷，學會了這門人世間最難的功課。

Dora告別式結束第二天，再次回到93病房陪伴癌末的孩子，後來，也到其他醫院協助一些面對癌末不知所措的孩子和父母……然而，這條路是寂寞的、是孤單的。畢竟，大多數人對「兒童安寧」仍不理解，仍避之唯恐不及，也因此，6年多來，走在這條路上，常引起一些人的誤會和不諒解。

我們的一生花太多時間在知識的學習，如果學校有一門課程是教導我們「如何面對死亡」，或許有一天，當我們面對生離死別的時刻，就不會有太多的不知所措，也不會有太多的遺憾和傷痛。

任何父母聽到「安寧」兩個字，就好像承認放棄治療、放棄努力、放棄希望、甚至放棄最後仍然可能出現的奇蹟！作這樣的決定，除了錐心刺骨，還有些許罪惡感。我了解！

只是，當醫療對孩子再也沒有任何幫助時，我們還能為孩子做些什麼？許多癌末的孩子，因為父母的不捨、醫生的不放棄，「走」的很辛苦；然而，我多麼不希望父母在孩子離去之後，所有的記憶都停留在孩子最後的痛苦掙扎，一輩子揮之不去！

「告別」需要很大很大的勇氣，「放手」需要很深很深的愛。

父母和孩子之間的告別，是人世間最讓人心碎的課題。

當我們願意接受孩子即將離去的事實，當我們願意選擇放手時，孩子才能坦然接受自己即將死亡的事實，然後，安然離去……但是也唯有父母願意主動的、坦然的、勇敢的和孩子告別，才能讓孩子離去時沒有牽掛，讓父母接下來的日子沒有遺憾！

然而，「放手」不代表「放棄」；「死亡」不代表「結束」。

「愛」是直到天堂都不會消失的……

在一群人的鼓勵、協助、支持之下，經過將近一年的奔走……「生命無懼關懷協會」正式成立，協會宗旨之一就是要推動「兒童安寧」。

生老病死，是生命的自然定律，所以這世界的一切，幾乎都是為這定律而設計。但有一群孩子，他們的一生，沒有經歷「老」，他們甚至活不到18歲。然而，這些罹患重症的孩子卻用他們短暫的一生，親自教導我們生命中最珍貴的功課，教導我們生命的道路該怎麼走？教導我們如何從死亡學會活著？

他們教導我們的，是我們用盡一輩子都學不到的功課。

這些孩子都是我們的英雄，都是我們生命中的導師！

不須用同情、憐憫的眼光看待這群癌末的孩子，他們面對生命盡頭展現出來坦然無懼的態度和勇氣，是許多人一輩子望塵莫及的。

他們一個個用生命親自見證──死亡不是結束，而是更美好的開始。

他們一個個用生命親自告訴我們──生命真正的價值和意義！

每個人都會死不是嗎？這些孩子只是把一生濃縮成十幾年過完，我們必須有勇氣承認且面對這「不自然」，為這些孩子設計、打造專屬於他們的空間和課程，讓他們短暫的生命，仍然能享受世界的美好，仍然能活得精采、活得有價值、活得有意義！

「學習」「遊戲」和「愛」

只要給孩子「學習」「遊戲」和「愛」，就能減輕他面對死亡的恐懼和不安。「絕望」不該屬於孩子！別讓孩子最後的日子待在小小的病房等死；孩子無法走入世界，但是我們可以把世界帶給他們。

曾經有人告訴我：「立志行善，必須賺很多很多錢。」

我回答：「那，我就沒有時間行善了。」

火需要木材，才能繼續燃燒；打仗需要子彈，才能繼續前進！我希望能集合一群人，有錢出錢、有力出力，一起行善，一起為癌末的孩子打造舒適、溫暖的空間，為癌末的孩子設計專屬於他們的課程。

於是……我有一個夢想……為孩子建造一個「快樂城堡」！

城堡裡有：教室、圖書館、餐廳、電影院、攀岩牆、遊戲室、音樂廳、卡拉 Ok（這是一位病童給我的建議，因為她很喜歡唱歌）……別笑我癡人說夢話，只要有你們，只要有一群和我同樣心志的人，夢想終會實現，不是嗎？

「一人獨行走得快，與人同行走得遠」

自 2011 年開始，我透過數百場演講，向社會大眾分享癌末病童面對疾病坦然無懼的精神與態度，並成立「生命無懼關懷協會」，致力推動「兒童安寧」的理念。

「當醫療對孩子再也沒有任何幫助時，我們還能為孩子做些什麼？」我只想以自己的親身經歷告訴大家：「面對癌末的孩子，『安寧』越早介入，越能縮短並減輕家人面對孩子離去後的悲痛。」因此，推動「兒童安寧」是我們的使命，也是我們無可推諉的責任和義務！

今天，協會誠摯的邀請您用實質的行動幫助這些癌末的孩子：提升他們的住院環境品質、撫慰他們的心靈。您的每一分力量，堆疊出我們的夢想；讓我們一同幫助癌末的孩子，在充滿愛、歡樂、繽紛的世界裡預見天堂！

這些癌末病童用短暫的一生，
教導我們如何面對死亡，
教導我們如何從死亡學會活著！
推動兒童安寧，是我們的使命！

協會消息．捐款資訊

國家圖書館出版品預行編目資料

愛與勇氣,生命無懼／蘇惠娟 作. -- 初版. -- 臺北市：方智，2017.06
256面；14.8×20.8 公分. --（自信人生；140）
ISBN 978-986-175-462-8（平裝）
1.人生哲學 2.通俗作品

191.9 106006156

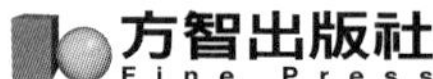

www.booklife.com.tw reader@mail.eurasian.com.tw

自信人生 140

愛與勇氣，生命無懼

作　　者／Dora媽咪（蘇惠娟）
發 行 人／簡志忠
出 版 者／方智出版社股份有限公司
地　　址／台北市南京東路四段50號6樓之1
電　　話／（02）2579-6600・2579-8800・2570-3939
傳　　真／（02）2579-0338・2577-3220・2570-3636
總 編 輯／陳秋月
資深主編／賴良珠
專案企畫／沈蕙婷
責任編輯／鍾瑩貞
校　　對／鍾瑩貞・賴良珠
美術編輯／李家宜
行銷企畫／陳姵蒨・陳禹伶
印務統籌／劉鳳剛・高榮祥
監　　印／高榮祥
排　　版／陳采淇
經 銷 商／叩應股份有限公司
郵撥帳號／ 18707239
法律顧問／圓神出版事業機構法律顧問　蕭雄淋律師
印　　刷／祥峯印刷廠
2017年6月　初版

定價 290 元　ISBN 978-986-175-462-8